Franz Joseph Lauth

Moses der Ebraer

Nach zwei ägyptischen Papyrusurkunden hieratischer Schriftart

Franz Joseph Lauth

Moses der Ebraer
Nach zwei ägyptischen Papyrusurkunden hieratischer Schriftart

ISBN/EAN: 9783744606080

Hergestellt in Europa, USA, Kanada, Australien, Japan

Cover: Foto ©ninafisch / pixelio.de

Weitere Bücher finden Sie auf **www.hansebooks.com**

Moses der Ebræer

Nach zwei aegyptischen Papyrus-Urkunden in hieratischer
Schriftart

zum ersten Male dargestellt

von

Franz Joseph Lauth,

kgl. bayer. Gymnasial-Professor und ausserordentlichem Mitgliede der
k. Academie der Wissenschaften.

————

Mit 5 autographirten Bogen und 3 Tafeln.

꠸꠸꠸꠸꠸

München, 1868.

Druck und Lithographie von Dr. C. Wolf & Sohn.

Vorwort.

Bereits vor fünf Jahren war mir im Papyrus Leydens. I, 350 col. IV. lin. 26—28 der Name Mesu aufgefallen, und die Versuchung, ihn mit Moses zu identificiren, verführerisch nahe getreten. Allein da ich mich erinnerte, wie ein ähnlicher Versuch des H. Heath („The Exodus Papyri" 1855), welcher im Papyrus Anastasi VI denselben Namen und in anderen Urkunden die Erwähnung der Leiden des Volkes Israel zu sehen glaubte, sofort an der Kritik der HH. Chabas und Goodwin scheiterte, welche nachwiesen, dass dort nicht von Moses und den Ebräern, noch von den Semiten des Herrn Lenormant die Rede sei, sondern von den Mühseligkeiten aller Berufsarten gegenüber dem Schreiberstande, — so glaubte ich mit meiner Wahrnehmung — vestigia terrebant — noch zurückhalten zu müssen, bis mir weiteres Studium des ganzen Textes bestimmtere Anhaltspunkte geliefert haben würde. Ermunternd wirkte hiebei die Entdeckung des Namens der Apriu (= Ebräer) durch H. Chabas, sowie der Umstand, dass derselbe Gelehrte um dieselbe Zeit die Analyse des Papyrus Anastasi I unternahm, deren Ergebnisse in dem höchst gediegenen Werke: „Voyage d'un Égyptien en Syrie, en Phénicie, en Palestine etc. au XIVme siècle avant notre ère" von ihm veröffentlicht worden sind.

Wenn Syncellus zur Mittheilung der so wichtigen Königsliste des Manetho zunächst nur durch die Rücksicht auf biblische Synchronismen und die Fragen: „ἐπὶ τίνος τε (βασίλεως) αὐτῶν Ἰωσὴφ ἡγεμόνευσε τῆς Αἰγύπτου, καὶ μετ' αὐτὸν ὁ θεόπτης Μωϋσῆς τῆς τοῦ Ἰσραὴλ ἐξ Αἰγύπτου πορείας ἡγήσατο" veranlasst worden ist, so lässt sich von dem Bestreben der Aegyptologen etwas Aehnliches behaupten. Nicht als ob die neue durch Champollion begründete Wissenschaft keine anderen Aufgaben zu lösen hätte, als die Gleichzeitigkeiten des Alten Testamentes — sie hat noch weitere und höhere Ziele zu verfolgen — aber es müsste gleichwohl der Nachweis des Moses aus ägyptischen Urkunden, falls er auf gesunder Textanalyse beruhte, als eine wissenschaftliche That im vollsten Sinne des Wortes anerkannt werden, weil hiedurch die Universalgeschichte einen festen Halt bekäme in einer Vergangenheit, die man bisweilen höchstens als mythisch (z. B. Pastor Guidon auf der Synode in Chur 1868) nicht aber als historisch gelten lassen will. Hat ja doch die Aegyptologie die um Jahrtausende älteren Könige der Pyramidenzeit als ächt geschichtliche dargethan!

Auf der einen Seite steht die materialistische Schule, welche, wenn sie überhaupt der Geschichte einen Werth beilegt, doch im Allgemeinen der heiligen Geschichte sogar den Boden entziehen, und, wie z. B. Voltaire, die Bücher Mosis, soweit sie Aegypten betreffen, als b'osse Ausgeburten oder Secretionen der Phantasie hinstellen möchte. Ihr schnurstracks gegenüber erhebt sich die spiritualistische Ansicht, welche von den Personen der Bibel eine so hohe Vorstellung hegt, dass ihr die Anrührung derselben mit der Sonde des Forschers als eine Entweihung des Heiligthums erscheint. Beide indess, so verschieden sie auch sonst sein mögen, haben das gemeinschaftlich, dass sie ungeschichtlich sind.

Zum Glück gibt es eine dritte Richtung, die realistische, und zu ihr bekennt sich der Verfasser vorliegenden Werkes. Sie erstrebt die Herstellung wirklicher Geschichte mit den Hülfsmitteln der Palaeographie und Philologie, die selbst historische Wissenschaften sind.

Aber die bisherigen Anstrengungen der Orientalisten, auf biblischer Grundlage allein die Fragen über solche Persönlichkeiten wie Abraham, Joseph, Moses zu beantworten, konnten zu keinem anderen Resultate führen, als z. B. Beer's „Leben Abraham's", das Gedicht „Moses" von Ladislaus Pyrker, und unseres Schiller*) „Sendung Moses", d. h. zu Märchen, Phantasien und philosophischen Willkürlichkeiten.

Es musste ein neuer Bundesgenosse erscheinen, um günstigere Ergebnisse zu erzielen: die Aegyptologie. Sie führt in Zeiträume hinauf, die bisher nur von der Bibel hie und da und noch dazu unsicher beleuchtet waren, und in grossartiger Einsamkeit weit darüber hinaus. Sie ist der nothwendige und vollgültige Zeuge, weil sie einen selbständigen Boden hat und auf Documenten fusst, die man gegenwärtig noch controliren und befragen kann.

Man wusste aus Manetho's Bericht über den Abzug der Aussätzigen schon lange, dass dieses weltgeschichtliche Ereigniss, welches mit der Vertreibung der Hykschos nicht identisch ist, an die Grenzscheide der Dyn. XVIII/XIX gesetzt werden müsse.

---

*) Er lässt unter andorn Mörder des Pharao in die Häuser dringen, um die Kinder aufzuspüren — wohl eine Verwechslung mit Herodes.

Da nun diese Periode des ägyptischen Reiches weitaus den grössten Vorrath von Denkmälern und Papyrus-Urkunden darbietet, so war es von vornherein wahrscheinlich, dass hier oder nirgends ein Zeugniss für den biblischen Bericht aufgefunden werden könnte, da ja Manetho Aehnliches aus ägyptischen Quellen mitgetheilt hatte, freilich nur ἐκ τῶν ἀδεσπότως μυθολογουμένων, ὡς αὐτός ὡμολόγηκεν sagt Flavius Josephus. Allein es liess sich ja auch nicht erwarten, dass die Aegypter ihre Niederlage offiziell in Stein eingruben! Ihre hieratischen Annalen dagegen durften über ein so wichtiges Ereigniss, wie den Exodus der Kinder Israels, nicht schweigend hinweggehen. Schade nur, dass mit Ausnahme des Manethonischen vielleicht durch Josephus noch veränderten Berichtes, keine solchen Jahrbücher ˙auf uns gekommen sind!

Unter so bewandten Umständen wird man es als einen besonderen Glücksfund, oder als eine günstige Fügung anzusehen haben, wenn nach so vielen Jahrhunderten, auf dem leicht zerbröckelnden Materiale der Papyrusstaude, ein gleichzeitiges Zeugniss für die Existenz des Moses sich erhalten haben sollte. Je unabsichtlicher und beiläufiger er erwähnt würde, desto glaubwürdiger und gewichtiger wäre die Aussage dieses Zeugen zu erachten. Ich behaupte nun, dass die beiden Papyrus: Anastasi I und Anastasy I 350 Leydensis die Persönlichkeit des Moses unter der ägyptischen Namensform Mesu und ausserdem viele Züge aus seinem Leben uns aufbewahrt haben. Der Beweis dieser Thesis bildet den Gegenstand meines Buches. Leider konnte ich bei meiner arg beschränkten Zeit, indem mir mein Amt als k. b. Gymnasial-Professor höchstens einige Stunden des Tages ˙für den Betrieb der ägyptologischen Studien gestattet — nicht das gesammte Material bewältigen, welches die Folianten von Champollion, Mariette, De Rougé — Young, Sharpe, Birch — Lepsius, Brugsch, Dümichen — Rosellini u. A., sowie die europäischen Museen und Sammlungen aufgehäuft haben. Wie Vieles wird ausserdem noch im Privatbesitze sich befinden! wie Manches noch vom grossen Conservator Aegyptens, nämlich dem Sande, hermetisch bedeckt sein! An den Besuch des Nilthales und die allenfallsige Auffindung neuer Texte in meinen Verhältnissen zu denken, wäre fast Verwegenheit zu nennen.

Hat es ja doch, trotz aller zu diesem Zwecke von mir gethanen Schritte, bisher nicht gelingen wollen, ein hieroglyphisches Typarium, welches Hr. Lepsius mit dankenswerther Freundlichkeit nach den Berliner Matrizen in Aussicht gestellt hat, hieher zu bekommen! Statt also mein Werk in schöner Form veröffentlichen zu können, wie unlängst Dr. Ebers sein dem meinen inhaltsverwandtes Werk: „Aegypten und die Bücher Mose's" — musste ich wieder zur Autographie*) greifen, im Innern noch dankerfüllt für die gütige Fügung, dass ihre Mutter, die hier in München erfundene Lithographie, die Möglichkeit rascher Arbeit geboten hat, da für die Herstellung des ganzen Werkes nur die Herbstvakanz benützt werden konnte. Indess lassen wir die Jeremiaden und beschäftigen wir uns mit Moses!

Diodor (I, 94) stellt den Moses als Gesetzgeber und Religionsstifter mit Minos, Lycurgus, Zathraustes, Zamolxis zusammen. Die Institutionen der letztgenannten sind mit den betreffenden Völkern verschwunden. Aber des Moses That und Wort lebt noch im Volke der Juden, der lebendigen und in der ganzen Welt zerstreuten Zeugen ihres Befreiers. Und nicht bloss diesem merkwürdigen Stamme der Ebräer ist Moses ein verehrungswürdiger Name, sondern die ganze monotheistische Welt, die christliche sowohl als die muhammedanische, erkennt in ihm den Begründer des wahren Glaubens an den Einen Gott. Als Verfasser des Pentateuchs oder der fünf Bücher Mosis beansprucht er daher die vollste Aufmerksamkeit und jeder Beitrag dazu aus ägyptischer Quelle müsste, so will es mich bedünken, von den Bibelauslegern willkommen geheissen werden, zumal wenn er von dem Grundsatze: „Ehrfurcht mit Freiheit" ausgeht und getragen wird.

Wenn der Kritiker jedoch bei meinem Verfahren eine gewisse Kühnheit wahrzunehmen glauben wird, so möge er nicht vergessen, dass sie mit Vorsicht gepaart ist. Der erste Schritt in ein solches Gebiet erfordert immer einen beherzten Entschluss; ist die Bahn eröffnet, so macht das Nachfolgen keine besondere Schwierigkeit und Mancher, der sich vielleicht berufen fühlen sollte, gegen meine Ansicht aufzutreten, wird in der Zukunft, ich hoffe es zu Gott, selbst Belege aus seinem gründlicheren Studium oder seinen grösseren Mitteln zu Gunsten meines Thema's geltend machen.

München, im Herbste, 1868.

Der Verfasser.

---

*) Uebrigens bot dieser Nothbehelf andererseits wieder den Vortheil, dass die Originallegenden nicht nur auf den Tafeln, sondern auch im Contexte getreu vorgeführt werden konnten.

Inhalts-Verzeichniss.

I. Einleitung.

Es sind sechs Jahre her, seit ich vor einem erlesenen Kreise von Orientalisten zu Augsburg einen mit Beifall aufgenommenen Vortrag gehalten habe über den „Hohenpriester und Oberbaumeister Bokenchons, einen Zeitgenossen Mosis". Um letzteren Ausdruck zu rechtfertigen, berief ich mich auf die zuerst von dem französischen Aegyptologen H. Chabas in Chalon sur Saone gemachte Entdeckung der Legenden 𓏏𓏤𓏤 und 𓏏𓏤𓏤 in den Leydener Papyrus I 348 u. 1349, wo von diesen fremdländischen Aperiu gesagt ist, dass sie Steine schleppten zu Bauten des Koenigs Ramses II, unter welchem jener Bokenchons der Münchner Glyptothek gelebt u. gewirkt hat. Seitdem hat ein dritter Papyrus, im Besitze des H. Harris in Cairo, demselben H. Chabas – vergl. sein gediegenes Werk, Voyage d'un Egyptien p. 211, 212 den besonders für vorliegendes Werk äusserst wichtigen Passus geliefert: 𓀀𓏤𓏤𓏤 „Marina's Vornehme der Ebräer" welche zur Bevölkerung von 𓉐 Anu (On, Heliopolis) gezählt werden. Zum vierten Male erschienen die Aperiu = Ebräer in der Inschrift eines Steinbruches von Hammamat, wo ihrer über 800 als Werkleiter erwähnt sind.

Diesen vier Beispielen glaube ich vier neue beigesellen zu können. Auf der grossen Liste der von Tuthmosis III unterworfenen Völker (Asiens) steht zwischen N⁰ 51: 𓀀𓏤𓏤𓏤 = הדרך Anacharat (Issachar) und N⁰ 54: 𓀀𓏤𓏤𓏤 = משעבן Chesethe beru, Hauptstätte Untermenschen,

als N⁰ 52 u. 53 zweimal die Legenda ⌂ 𓏏 Aper. H. Vicomte
de Rougé (Étude sur divers monuments du règne de Toutmès III) hat
p. 63 diesen Namen mit zwei Städten des gleichen Lautung 𓏏𓏤-
Aphrah in Manasse und Benjamin identifiziert. Da dieses Wort im
Semitischen „petit faon de gazelle" bedeute, so habe man hinter Aper
den kleinen Vogel 𓅱 hinzugefügt. Aber warum denn nicht die junge Gazelle
selbst? Nach Dümichen's Copie sind es zwei verschiedene Vögel, nämlich
𓅱 u. 𓅱, jener „groß", dieser „klein" bedeutend. Wir haben somit hier
Peraea major u. Peraea minor, das heißt, den Landstrich jenseits
(πέραν) des Jordan's u. vielleicht in dem weiteren Sinne, in welchem
die Ebraeer wegen ihrer Einwanderung vom Jenseits benannt werden.

Die zwei anderen Beispiele biete ich nicht mit der nämlichen Zuversicht.
Das eine glaube ich im Papyrus Leydensis I 350 Verso IV (antepenultima)
in der Gruppe 𓂋𓏏𓅱 ⌂ ... Aperi zu erkennen, aus welchem
ein gewisses Product (Holz?) bezogen wurde, das andere steht in dem
Siegeshymnus auf Menephtah (Pharao des Exodus) Papyrus Anastasi III, 7, 2:

𓀀𓀁𓀂𓀃𓀄𓀅 𓀆𓀇𓀈 𓀉𓀊 𓀋𓀌𓀍𓀎 𓀏𓀐𓀑𓀒

„Du bist das Heer (𓂋𓏏) des Sieges, die Waffe welche bildet die Aperu".

So wichtig indess diese Legenden alle sein mögen, so genügen
sie doch keineswegs, um die Persönlichkeit des Moses selbst irgend
als eine wirklich geschichtliche zu erhärten. Hiezu bedarf es vor Allem
der Aufzeigung seines Namens in einer gleichzeitigen Urkunde, des
Nachweises, daß Zeit und Umstände, die wir über ihn erfahren zu
den anderweitigen Nachrichten über sein Leben u. Wirken stimmen.

II Zwei Papyrus.

Die Urkunden, aus denen ich meinen Stoff entnehme, sind:
Papyrus Anastasi I der „Select Papyri" des Britischen Museums,
und Papyrus Anastasy I 350 der Leydener Sammlung, die Herr C.
Leemans herausgegeben hat. Diese Benennungen stammen von ihren
früheren Besitzern, den Consuln Schwedens und Dänemarks, welche,
vermuthlich Griechen von Geburt, dieselben in Aegypten erworben
hatten. Ich werde sie der Kürze wegen einfach mit _i_ und _y_ bezeichnen.
Über ihren Fundort haben wir leider keinerlei bestimte Nachrichten,
da jedoch Papyrus Leydensis I 351 nach den Notices sommaires des
Herrn Chabas _in_ (oder vielmehr _bei_ den Ruinen des alten) Memphis
aufgefunden worden ist, und dieses Actenstück entschieden zu _y_
I 350) gehört, so dürfen wir auch letterem die gleiche Herkunft zu-
schreiben. Was den Papyrus _i_ betrifft, so überhebt mich seine ausführliche Behandlung durch Chabas in seinem bahnbrechenden Werke:
Voyage d'un Égyptien etc. jeder näheren Beschreibung desselben. Auch
dieser scheint, nach manchem Anzeichen zu schliessen, aus einem alt-
ägyptischen Grabe oder Archive zu stammen.
Die Schriftzüge des Papyrus _y_, den ich vorderhand ausschliesslich be-
spreche, zeigen unverkennbar den Charakter der Ramessidenzeit, sind
aber so flüchtig hingeworfen und meist derart verwischt, dass jeder,
der sich damit beschäftigt, mit den Schlussworten der Notices sommaires

très-difficiles à lire übereinstimmen wird. Herrn _Chabas_ verdankt man auch die erste Nachricht über den Inhalt des Papyrus: ihm zufolge enthält er „cinq (lies: six) colonnes d'un registre de comptabilité, énonçant l'_entrée_ et la _sortie_ de différentes matières et denrées au Ramesséum sur la fin de Méchir et au commencement de Phamenoth de l'an 52 de Ramsès II". Ich werde diese allgemeine Angabe durch die Aufzeigung wirklicher Rechnungen eingehend bestätigen, so wie ich auch der scharfsinnigen Entdeckung des Herrn _Goodwin_ welcher zuerst auf dem Verso dieses Papyrus die Phonetik der Zahlwörter neben den roth geschriebenen hieratischen Ziffern erkannt hat, durch den Nachweis der Veranlassung dieses sonderbaren Phänomens, ihren wahren Werth sichere. Dem Forscher geht es hier so ähnlich wie dem Gefangenen, der sein Auge dermassen an die Dunkelheit gewöhnt, dass er allmählig Umrisse und Formen unterscheidet, wo ein anderer nichts zu sehen vermag; als aegyptische Finsterniss.

· Die fünf ersten Zeilen von Columne I, welche durchgängig am Anfange durch Abbrechen mangelhaft ist, zeigen am Ende die Ziffern 1, 2, 1, 7, 6 in den üblichen Formen ׀, ׀׀, ׀, ⸜, ⫽. Zweimal erscheint davor die Ligatur ⸂, abgekürzt aus ⸏ = ⸏, Person, Individuum: Einmal auch ⸏ - ⸏ eine Variante der vorigen Gruppe. Der weitere Verlauf wird zeigen, dass diese Individuen bestimmte Klassen einer Tempel- oder Domänenbevölkerung darstellen, welche Dienste zu leisten verpflichtet und verschiedene Reichnisse zu beziehen berechtigt waren. Die folgenden drei Zeilen (6-8) enthalten zwei Tageszeiten, nämlich

Sonnenaufgang und Morgen, bezeichnet durch: 〈Hieroglyphen〉 〈Hieroglyphen〉, als im Aufleuchten (war) zu dem Himmel die Sonne; 〈Hieroglyphen〉, zur Zeit des Morgens. Letztere Gruppe wiederholt sich noch öfter: I, 8, II, 19; ersterer steht das ⊙〈Hieroglyphe〉⊙ gegen Sonnenuntergang (III, 26) gegenüber. Auch die andern Tageszeiten fehlen nicht: III, 1, 14 sichtbar 〈Hieroglyphen〉, zur Zeit des Mittages; IV, 32: 〈Hieroglyphen〉 zur Zeit der Nacht. Offenbar hat also der Schreiber des Papyrus die betroffenen Ereignisse mit ziemlich genauer Zeitangabe in sein Tagebuch eingetragen.

Eine altägyptische Bastonade erwähnt Zeile 9 der I. Columne: 〈Hieroglyphen〉, 8 Leute mit 200 Hieben der Riemen. Demnach hätte also jeder einzelne die bewussten 25 bekommen! cf. Pap. Sallier I, 7, 11; Anastasi III, 6, 10. Blos in Bezug auf die letzte Gruppe kann Zeile kann ein Zweifel obwalten; allein ich erinnere an das Thier 〈Hieroglyphen〉 der aegyptischen Sphaere und an die am Nil noch gültige Sitte, aus der Haut des Flusspferdes Riemen für die Kurbatsch zu schneiden.

Nach den fast ganz zerstörten Zeilen 10–13 folgt Lin. 14, der [IV.]gang des Comendanten der Truppen: 〈Hieroglyphen〉; Lin. 15–19 die Verabreichung von 4 den Fleisch, 3 den Milch, 1 〈Hieroglyphe〉, 12 grosse Essen zusammen 20 Posten – also eine eigentliche Rechnung, die in Lin. 19 einen Nachtrag (von anderem) "ausgewählten Fleische" und von dürrem (oder gepresstem) Grase (Heu?), woraus hervorgeht, dass der Hausstand des Rechnungsführers auch Vieh enthielt. Aber auch Tempel; denn Lin. 20 steht: 〈Hieroglyphen〉, für die Hut des göttlichen Hauses zusammen 39; ihre Specialisirung (ist folgende). Wenn die HH.

---

* Vergl. über dieses Gewicht: Birch in der Zeitschrift für Aegyptologie 1868 Aprilheft.

Chabas, Voyage p. 70) und Goodwin die letzte Gruppe ⊟ mit „divers"
und „various" übersetzen, sie aber mit ⲤⲦⲟⲚ varietas oder mit ⲤⲟⲦⲘ
„distinguished" identifiziren, so stimme ich dieser Bedeutung bei, vergleiche aber das Wort mit ⲤⲈⲚⲈ discubitus: Denn in der That werden die
39 Tempelwächter in den drei nächsten Zeilen specialisirt, nämlich I, 21:
..... 19; II, 1: [Hieroglyphen], Semadu des Tempels, Individuen 10;
II, 2: [Hieroglyphen], Leute der Schreibers u. Kazin NN. „ „ „ 10,
also zusammen 39, wie die dem zum Voraus angekündigte Summe gelautet hat.

   Daß ich jenes ⊟ sene richtig deute, beweist noch ein zweites Beispiel:
III 16 steht: [Hieroglyphen], Zusammen 38; ihre Specialisirung ist folgende:
Wirklich folgen die Posten: 9 + 10 + 15 + 2 + 2, welche die Summe 38 ergeben.
Es sind: Kinder des Hauses; Semadu des Tempels; Leute des Herrn; Kultscher
des ..... „ und „Arbeiter", somit wieder einzelne Klassen der Domänen-
bevölkerung, wie sie gleich Eingangs erschienen sind.

   Gewöhnlich aber folgt die Summe nach den Posten; so z. B. III, 6 u. III, 12 die
Summen 30 u. 50, erstere aus 10 + 10 + 1 + 1 (+ 6) + 2 — letztere aus 5 + 5 + 2 + 30
+ 7 + 2 + 2 − 3 erwachsend. Diese beiden Summen haben die Rubriken
[Hieroglyphen] und [Hieroglyphen] „weitere Lieferungen" vor sich. Den Gegensatz dazu
bildet [Hieroglyphen] „Reichnisse" oder, wie H. Chabas sie bezeichnet hat,
„entrées und sorties":

   Öfter trifft man vor den Summen die Gruppen: [Hieroglyphen] oder [Hieroglyphen]
[Hieroglyphen], „Betrag von diesem Tage"; woraus zu schließen ist, daß
der Schreiber des Papyrus ein förmliches Tagebuch geführt hat. In
der That begegnen wir weiterhin II 19 einem ausführlichen Datum.

─────────
« Zeitschr. f. Aeg. 1867, pag. 101.

Auch ein Ostrakon der Münchner Sammlung bietet ein solches, das ich, an

es der Zukunft zu sichern u. zugleich des Zeugnisses halber besorgen will:

[hieratic symbols] Lieferungen 8, Thoth letzter . . . .

[hieratic symbols] Phaophi erster; oder . . . 1 . . . 2 Didrachmen

[hieratic symbols] der Schreiber Didrachmen . . . .

[hieratic symbols] Personen 20, eine jede Didr. . . macht Did. 10½; zu-
samen Didrachmen 17½.

[hieratic symbols] Er fügte hinzu 1 weibliche Person Did. 2, der
Schreiber

[hieratic symbols] mit (?) Didrachme 1

[hieratic symbols] Personen 20, eine jede Didr. 1 macht für die 20
Personen 20 nebst 5. zusammen

[hieratic symbols] an Didrachmen 25.

[hieratic symbols] Suma der Ausgaben an diesem Tage Didr. 42½

[hieratic symbols] Phaophi letzter; er befahl zu geben der
Person Didr. 2, dem Schreiber

[hieratic symbols] Personen 30, eine jede Didr. 1 macht an Didr.
35.

[hieratic symbols] Sklaven 3 Didr. 1; Suma der Ausgaben Didr. 38½.

Die Gruppe [symbol] (Zin. 9 u. 12) vergleiche ich der demotischen [symbol] Zin. 12 der Fösler

Inschrift in der Phrase: [demotic symbols], welken der griechische Text

Zin. 21 mit seinem ὑπομείνας δαπάνας ἀργυρικάς τε καὶ σιτικὰς εὐγάδας, ὅπως ek.

getreu entspricht, u. womit auch der Anfang der 7ten demot. Zeile ergänzt werden. Denn

das koptische ϧⲟⲩⲧ impensa scheint Lautung u. Bedeutung dafür darzubieten.

Ungleich wichtiger ist die Ligatur [symbol], zusammengerückt aus [symbol]. Ajorbo

ⲟⲧⲁ-ⲛⲓⲃ unusquisque Unser Papyrus y liefert dazu den deutlichsten Beweis:

IV 30 steht: Leute von dem [symbol] Individuen 8, [symbol] den Betrag von 2 Tagen, macht 10 [symbol] es

folgen, Individuen 9 (x2 macht) 18; Diener 6 (x2 macht) 12; Schiffer (ⲛⲉϥ) 2 x2 macht 4;

Suma 50 (16+18+12+4); zu den Früheren 32 gezählt, ergibt die Summe 82.

Zum zweiten Male begegnen wir diesem Columne V 14, wo es wörtlich heißt:

„Handwerker (abun) des Herrn, Individuen 6, den Betrag von Tagen 3, macht 15 —

„Leute des Hausstandes ( ) „ 8 „ „ „ 2 „ 16 —

„Semadu des göttlichen Hauses, „ 9 „ „ „ „ „ 18 —

Es folgen 13 Leute des Herrn", 2 Künstler", 3 Schreiber des Transportes (Kars), 1

„Setem (Hörer) Namens Messu (?) u. zuletzt 5 andere mit Gaben bedachte Personen.

Hiebei sind die Zeichen der Wiederholung, nämlich „ „ gerade so angebracht, wie hier.

Die (Zeile 21) angegebene Gesammtsumme = 92 ist das richtige Ergebniß der Posten:

15 + 16 + 18 + 13[*] × 2) + (2 × 2) + 3 × 2) + (1 × 2) + 5 = 92.

Ein drittes Beispiel dieses bei der Multiplication verwendeten bietet Col. IV 14)

nachdem lin. 13 „Leute des Hausstandes Individuen 8 Betrag 1 spot ( ) Summa 8"

vorausgeschickt ist, wird lin. 14 „Leute des göttlichen Hauses Individuen 10, 2,

macht Ausgaben zusammen 20". Eben so folgt den „2 Wasserarbeitern" der nächsten Zeile

die Tagessumme 4, den „Leuten vom Königlichen Palaste des Herrn Ramessu-Meri-

Amun Individuen 6" das Totale 12. Die Gesammtsumme (44) ist diesmal nicht gezogen.

In einer andern Rechnung (Col. V, 3) ist mit Sicherheit zu ergänzen. Denn

es folgen sich die Posten, 5 macht 10; 8 macht 16; 9 macht 18; 2 = 4; 12, 24; 2, 4 u. endlich 2 —

also im Ganzen 78, wie die roth geschriebene Summe (lin. 9): wirklich

lautet. Mit Hinzunahme jenes früheren Totales (p. 7) ergibt sich die weitere Summe

= 82 + 78) = 160 u. in der That steht am Ende, diesmal schwarz geschrieben

= 160 — H. Pleyte[**] gibt statt das Zeichen mit richtiger Vermuthung des Sinnes (Lesung).

Die Wichtigkeit der Ligatur, nachdem sie jetzt unwiderleglich dargethan ist, für

die Texte im Allgemeinen, für Papyrus y II 28 (auch Papyrus i XIV 7, 8) im Besondern,

wird mein längeres Verweilen bei derselben in den Augen des Lesers entschuldigen.

* In der Ausführung steht fehlerhaft das Product 24 statt 26.

** Les papyrus Rollin, wo dieser ... ist das Brod κυλλῆστις erkannt haben.

III. Die Stadt Ramses.

Der Verfasser datirt sein Tagebuch nach Jahr Monat Tag eines Königs und aus einer gewissen Localität, die sein Aufenthaltsort gewesen sein muß, in folgender Weise: [hieroglyphs] , Jahr 52, Monat Mechir. Tag 23, im Palaste Ramessu-Meri-Amun mit Leben Heil u. Kraft". Das Datum steht II, 19; das nächste III, 6 lautet auf den 26ten Mechir und ist hinter dem Königsschilde, von der bedeutsamen Gruppe [hieroglyphs]. Tag der Panegyrie begleitet. Weiterhin III 24 folgt der 28te, dann III 31 der 29te, IV 4 und IV 7 der letzte Mechir, welcher auch Papyrus I 35 ? in erster Linie erscheint. Diesem wegen der Beischrift in III 4 höchst wichtigen Datum wird ein eigner Abschnitt gewidmet werden. Eine ebenso große Tragweite behauptet der 1te Phamenoth IV 13, weil der Verfasser in diesem Datum seine Notiz in Betreff des Moses niedergelegt hat. In col VII treffen wir das Datum des 3ten, endlich V 22 den 5ten Phamenoth, so daß also, mit Einrechnung des defecten Anfanges zu 3 Tagen, etwa ein halber Monat vom Tagebuch umfaßt wird.

Wo haben wir nun diese nach Ramses II Mery-Amun (Πάμισσος Μεαμούν) genannte Örtlichkeit zu suchen? Col. IV 10 giebt uns darüber einen Fingerzeig, welchen wir nicht unbeachtet lassen dürfen. Es heißt nämlich daselbst, ein Mann sei abgereist (Name u. Titel sind unleserlich) [hieroglyphs] d. h., nach Mennefer (Memphis) haltend einen Brief in seiner Hand an d. Hand Horn. Ein zweites Mal erscheint Memphis IV 24 in der Verbindung [hieroglyphs] , habend eine Karte von Mennefer: Briefträger sind außerdem erwähnt: III 1; III 26, IV 19, V 23, jedesmal mit dem Zusatze: an das Haus des Herrn (in Memphis)

Nun aber belehrt uns Papyr. D. I 349, daß Ramsesopolis, zu dessen Schatzhause des Sonnengottes die Aprier (Hebräer) Steine schleppten, wie der Schreiber Gani-Amun an seinen Vorgesetzten, den Kazin ▢▢ der Arsdall (▢▢) des Ramessu-Mai-Amun, Namens Hui, berichtet, südlich von Memphis ▢▢▢ gelegen war. Wir werden also kaum fehlgreifen, wenn wir dieses mit dem unsrigen identificiren, so verführerisch auch das biblische ▢▢ uns nach Osten in die Nähe von Heliopolis einladen mag. Es gab aber mehrere nach dem vielvermeinten Ramses benannte Städte, wie es ein Dutzend Alexandreia später geben sollte. Eines treffen wir in Oberägypten; ein andres im westlichen Delta, jetzt noch von den Arabern Remsis genannt; ein drittes wird uns im Auslande, an der Atlantischen Bucht begegnen. Ich verweise den wißbegierigen Leser wegen des biblischen Ramses u. Pithom (▢▢) an die Mélanges II p. 108 sqq. von Chabas, mit dem Beifügen, daß außerdem die Stadt Etham (▢▢) in extremis finibus solitudinis als ▢▢ Wohnung des Tum (Sol) aufzufassen ist, was die LXX dadurch beweisen, daß sie No-y-Süße dafür setzten, dessen Prototyp jetzt ebenfalls in ▢▢ vorliegt (Dümichen: Histor. Inschriften Taf. II, 6). Denn dieses Nov-Süße ist gerade so gebildet, wie ▢▢ die Stadt des Amon (Διόςπολις).

Nach der bisherigen Lesart behaupten die LXX, im Widerspruche mit dem hebr. Urtext, daß die Kinder Israëls auch beim Baue der Stadt Heliopolis Frohndienst geleistet hätten. Diese mit dem hohen Alter des heiligen Annu-ΙΙΚ-Ἥλιος unvereinbare Angabe beseitige ich durch eine äußerst einfache Conjectur, indem ich κατ' statt καὶ lese: ᾠκοδόμησεν αὐτῷ πόλεις ὀχυράς, τήν τε Πειθώ, καὶ Ῥαμεσσῆ κατ' Ὤν — . . . weil die Siebzig wußten, daß es mehrere Städte mit dem Namen Ῥαμεσσῆ gegeben hatte, fügten sie den erklärenden Zusatz κατ' Ὤν, im Bereiche von Ὤν hinzu. Ich hoffe mit dieser Verbesserung eine große Schwierigkeit weggeräumt zu haben.

Die Mutter des Schreibers, welche der Pap. Anastasi I (unsern s) abgefaßt hat, war thätig im Bezirke der Göttin Balath als Sängerin oder Spielerin der Bast in der Stadt 𓉐𓉐𓉐𓊖. Nach der Aussprache 𐤎𐤊𐤕 sachet oder sochot zu urtheilen, welche diesem Zeichen eignet, u. in dem Kopt. CWϢE (T)ager, campus erhalten ist, billige ich meinen Vorschlag, das biblische סֻכּוֹת Suchoth damit zu identificiren, um so eher auf Beifall stoßen, als jener Doppelname der Göttin von Bubastis in derselben Gegend weist u. außerdem auf einer alten Nilkarte (Brugsch, Geogr. I, Taf. XI, VI u. VII) die Legenden 𓈖𓉐𓂋 Wald von Bast u. 𓉐𓉐𓂋𐍈 Sochot beachtenswerth ganz zu dem Nile in Beziehung gesetzt sind. Daß die Ebräer ich סֻכּוֹת als Plural von סֻכָּה, die Hütte, das Lager (des Löwen) ansehen mochten, hindert meine Annahme nicht.

In dem Berichte des Schreibers Kawiser an seinen Obern Bekenptah (Pap. ägyd. I 348) wo erzählt wird, dass der Oberst der Mazaiu (Gensdarmes) den zur großen Warte Ramses Steine schleppenden Apriu, Ebräern, die Provisionen monatlich vertheilt habe, ist auch die Fahrt oder Rückkehr nach 𓈖𐍈𓏤𓂋𓎟𓏏𓇳 also einer Stadt erwähnt, deren Schlußsylbe in dem Kopt. pwⲧ herba, planta noch vorliegt. Leider ist der erste Bestandtheil des Namens halb verwischt; wäre es erlaubt, darin das 𓄑 von Pap. Anastasi I, 1, 2 mit der Lautung ḥa wieder zu erkennen, welches die Bedeutung sedes hat, so gäbe sedes plantata eine sehr passende Bezeichnung für eine Station der Wüste. Da nun das biblische פַּחַחִירֹת nach Analogie von 𐤁𐤁 Bóubastis mit dem Vorschlage פַּ (pi, pa) Haus begießt s: Könnte das folgende חַ als der semitische Artikel gelten die Lxx in dem Namen durch Ἐπαύλις Landgut, Landhaus, Meierei übersetzt u. hiemit das Richtige ziemlich nahe getroffen.

Was Migdol מִגְדֹּל betrifft, so kann ich nicht länger fassen und ich 𓉐𓏤𓇯𓊖 an

Thurm u. deshalb als Name von Grenzfestungen besonders gegen Osten öfter vorge-
kommen; ich erinnere nur an das abessynische Magdala, welches die Engländer in
diesem Jahre erobert haben. Die Lage Migdol's in der Nähe des rothen Meeres ist
durch Exod. XIV 2 zu genau bestimmt, als daß man es anderwärts suchen dürfte.

Ebendasselbe gilt von Baal-Zephon. Ich stimme Herrn Chabas bei, wo er
diesen Namen für eine Übersetzung von ⸗⸗⸗ 𓎛𓏏𓊪 „Haus der Nordgöttin"
hält. Ich werde bei Gelegenheit der Reise des Mohar (Moses) darauf zurückkommen.

H. Lepsius hat in seiner Chronologie der alten Aegypter die Ansicht ausgesprochen, daß der Sesostris-Canal vom Nil zum rothen Meere den Israeliten beim
Auszuge gleichsam den Weg gezeigt habe. Ich glaube, daß in nicht ferner Zeit,
vielleicht durch glückliche Funde, wie den des bigraphischen u. biligueu Denk-
mals von Chaluf, worauf Darius I seine Wiederaufgrabung des Canals sowohl
in Keilschrift als mit Hieroglyphen verewigt hat, diese Ansicht zur allgemeinen
wird erhoben werden. Die Aegyptologie hat schon manche Überraschung gebracht — warum sollte sie nicht eines Tages die Stationen des Sesostris-Canals
aufzeigen? Josen 𓊪𓈖𓏏 Goschen oder Gesem?
Es bleibt noch, vom Lande Gosen zu sprechen, dessen Lage durch die LXX richtig bestimmt worden ist mit den Worten: γῆς (γῆ) Γεσὲμ ἢ ἐγὺς τῆ Αἰγύπτῳ Ἀραβία,
d.h. † ΔΡΑΒΙΑ, wie die Kopten den an's rothe Meer gränzenden Theil Aegyp-
tiens nennen. H. Dümichen hat im Recueil III (Taf. LXV, 20 u. LXVIII, 20) zwei
Legenden veröffentlicht: 𓊪𓈖𓏏 und 𓊪𓈖𓏏𓏤 Gesem (Land u. Stadt)
des Ostens; welche Brugsch in seiner „Wanderung" mit Unrecht Qolzum (Κλύσμα)
liest. Ich halte schon vor dem März 1866 (vgl. Dümichen's „Flotte" pag. 16) diese Lesung Gesem notirt, welche auch Dr. Ebers Aeg. u. die Bücher Mosis' adoptirt.

IV. Sesostris.

Champollion, der geniale Begründer der aegyptologischen Wissenschaft, erkannte frühzeitig und mit bewunderungswürdigem Blicke, daß Herodot's berühmter Σέσωσις kein andrer König sein könne, als Ramesses II Meri-Amun, der Ραμεσῆς Μιαμοῦν des Flavius Iosephus, der diesen Doppelnamen aus der Liste Manetho's entnommen hatte. Diese selbst bietet zwar nur Ραμεσσῆς Ῥιαμψῆς allein die Sothisliste des Syncellus, die doch auch auf Manetho fußt, liefert unter N⁰ 15 den Namen Μιαμοῦς, der dem Μιαμοῦν entsprechen muß.

Die Darstellung u. Inschrift an dem Felsen von Nahr-el-Kelb (Lycus) bei Beirut, wo Ramses II (der Rhamses des Tacitus) als Eroberer erscheint, rechtfertigt diese Ansicht ohne Weiteres. Indeß hat uns der Pap. i. für denselben König die Formen

𓇳𓏏𓂝𓈖𓏤𓊹 Ra-sest-ou u. zwar in Verbindung mit 𓈖𓏏𓆄𓏤 Meri-Amen-

𓇳𓏏𓂝𓏏𓏤 Sest-su . . . . . 𓄤𓏤𓂝𓎡𓏤 der Felsen

(𓈖𓏤) u. zweimal mit dem Vorschläge 𓉐𓈖 Haus von, zur Bezeichnung gewisser Örtlichkeiten, an die Hand gegeben. Man erkennt leicht, daß diese Formen Depravationen u. zwar absichtliche des Konsonantennamens Ramses(t)su mit Umstellung der Bestandtheile darstellen, was bei der lockeren gramat. Verbindung derselben, die uns auch manche Eigenthümlichkeit des Koptischen erklärt, nicht befremden darf. Es ist gerade so, als wenn wir im Deutschen diesen Namen bald Sonn-entsprosst-er, bald Sonen-Spross-Er, bald Sonn-entsprosstes abthei-len u. demgemäß zwar gramaticalisch verschieden, aber mit identischem Sinn auf-fassen würden. Daß aber die Form Ra-mestu ebenfalls bestanden hat, beweist uns

abgesehen von ihrer grammat. Richtigkeit – das *merta* ist regelmäßiges Part. Ref. Ref. Perf.
ist, fünfmalige Vorkommen des Namens ‛Ραμέσσης in der Übersetzung, die Hermapion
von einer Inschrift eines diesem Ramses II zugeordneten Obelisken gegeben hat. Auch zeigt
das sogenannte Thronschild des Kambyses (Kanbuza), nämlich ⟨𓇳𓏠𓈖𓂋𓏤⟩ die
Form Ra-mestu – Soli genitus nicht aber Soli invisus, wie man wegen der Verhass-
heit dieses Königs anfänglich gemeint hatte. Er als dann nicht 𓀀𓂋𓏏𓐍𓈖𓏤 ...
stehen, was die Priesterschaft sich wohlweislich gehütet hätte, in einem officiellen Schilde
anzubringen. Der Spottname des Kambyses, welcher übrigens, wie der Text des Schildchens
im Vatican beweist, ursprünglich der aeg. Religion sich freundlich gezeigt hatte, lautete
anders, nach Ansicht je von μάχαιρα oder Ξ̔ρος, wie der wüthende Ochus genannt wird.

Überhaupt scheinen die aeg. Schreiber ihre satirische Stimmung gerne in Spottnamen
frivl. Namen bethätigt zu haben, natürlich nur sub rosa, im vertrauten Briefwechsel
So hießen sie aus Ra-mest-su zuerst Ra-sest-su u. das durch Umstellung des sest-Ra.
Was wollten sie aber damit sagen? Ich glaube, eine boshafte Zweideutigkeit. Das Wort
sest treffe ich in Papyrus Prisse XVII 6/7 :. Der Ungehorsame ... thut Schlechtes
allerlei 𓂝𓏤𓊪𓏏 ... es geschieht Verwerfliches von ihm jeden Tag!
Es ist *sest* die Impulsiv- oder Intensivform von *set* welches im Kopt. ϭⲏⲧ reprobari
noch vorliegt. Wo also die Schreiber Ra-sest-su setzten statt Ra-mest-su, so beab-
sichtigten sie einen Spott wie wenn wir (man verzeihe den unedlen Ausdruck) statt
Sonnengeworfener das Wortspiel „Sonnenverworfener" gebrauchen würden. Dadurch also,
daß bei der Aussprache Se-sust-ro Ξιεσωγις gehört wurde, entstand eine Zweideutigkeit, indem je nach der Intention das 𓏏 su als Subject oder als Object gefasst
werden mochte. Der König konnte also, vielleicht wegen religiöser Gründe, die sich unserer
Kenntniß noch entziehen, möglicherweise als Sonnenverworfener bezeichnet werden.

Aber es existirte auch noch eine kürzere Form: _Sessu_ dem _Messu_ entsprechend, aus welcher Diodor's Σεσόωσις sich erklärt. Unser Papyrus y enthält ihn ℞ 28 in einer Rechnung, wo verschiedene Brod 🍞 (wün) an Unbegabene verabreicht werden:

𓎛𓏏𓏏𓏏𓏏 Reichniss an den Diener Hon-n-Sessu". Dieser Name bedeutet wörtlich: Sclave des Sessu u. ist, eben wegen der früheren Einrahmung, ein sehr starker Beweis dafür, daß Sessu die Volksbenennung eben jenes Königs gewesen, unter welchem diese Rechnung fällt. Auf der interessanten Stele des ☐ Nro 32 der Aegyptothek erscheint auf der Seitenfläche ein Knabe, offenbar Sclave, mit der Legende: 𓂀𓏏𓏤𓇳, „der königliche Sclave ... sanch". Wie die Römer einen dem Marcus gehörigen Sclaven (Knaben) Marci-por nannten, so konnten auch, wie es in obiger Rechnung geschieht, die Aegypter einen Sclaven des Königs Sessu mit dem Namen Hon-n-Sessu d.i. Sessi-por belegen.

Wird hiemit der Σεσόωσις Diodor's gerechtfertigt, so erhält derselbe Schriftsteller wenn er I 55, gleich Herodot, von Säulen spricht, die Sesoosis in Asien aufgerichtet, und I 54 berichtet, dass er auch nach Arabien einen Feldzug gemacht – seine Bestätigung durch Pap. i XXII, 1, wo ein 𓉐 (𓉐𓏤𓀀) „Haus des Sessu" zusammengestellt wird mit einem Gewässer, welches im als die Aelanitische Bucht erkannt werden wird. Nach Eratosthenes (bei Strabo XVI 4 §vgl. Bunsen's Aegyptens Stelle in der Weltgeschichte) wusste man von Säulen des Sesostris sogar in Südarabien an der Strasse Deire-Teneôs.

Die Frage nach der Epoche dieses berühmtesten aller Pharaonen der während einer 66jährigen Regierung die meisten Denkmäler geschaffen u. zum Theile usurpirt hat, beantwortet Aristoteles durch u. allgemein mit den Worten (Polit. VII 9.), πολὺ ὑπερτείνειν τοῖς χρόνοις τὴν Μίνω βασιλείαν ἡ Σεσώστριος. Da Minos nach griechischer Rechnung mehrere Geschlechter vor dem trojanischen Kriege gebildet,

16.

so scheint schon aus diesem Grunde – dass jener Ansatz entspricht 1400 vor Christo – der König Ramses II oder, was dasselbe ist, Sesostris, höher hinauf gerückt werden zu müssen, als die meisten Aegyptologen bisher angenommen haben. In der That wird uns der Abschnitt über den Phönix der Sesostris eine bedeutend ältere Epoche desselben Festes lehren.

Von nichtfürstlichen Personen enthält das Tagebuch, Papyrus y, eine große Zahl, darunter auch Ausländer, wie III 29 den aufseher zu Monumente ⌂⌂⌂ Char di der Syrer, oft mit dem bestimmten Artikel ⌂ pa versehen u. dem Sklavennamen Syrus lautlich u. begrifflich entsprechend. Der Schreiber ⌂⌂⌂ (V 19) ist das Namensvorbild des Lägur, wie ich in der Zeitschrift f. Aeg. 1868 nachgewiesen habe u. bedeutet der Fische. IV 7 erscheint ⌂⌂ Mena, der Name des alten aeg. Königs, als cognomen eines Priesters. Thenua ⌂⌂⌂, der auch ein weiblicher Name war (Pap. Leyd. I 360), steht III 14, 26; es ist das Koptische ϮⲞⲢ fortis. Ähnliche Bildung zeigt II 14 ⌂⌂⌂, welche auch im Pap. Anastasi IV (g Verso) vorkommt. Wichtiger ist die Angabe unter dem 3ten Phamenoth: ⌂⌂⌂⌂⌂⌂⌂⌂ u. war der Himel starken (Süd?) Winden, woran eine Landung ⌂⌂⌂ geknüpft wird. Die Summung dreier Fischarten: bari 200, tomu 1000, Kleine; bari 10 ⌂⌂⌂ Zusammen 1210 (III 4) entbehrt auch nicht des Interesses, so wenig als III 23 die Schlachtung eines Ochsen mit einem scharfen (ϮⲎⲢ) Mafra-Messer, wodurch wir in den Stand gesetzt werden, die für unsern Zweck besonders wichtige Stelle V 13–21–29 zu ergänzen.

Indess alle diese u. ähnliche Punkte, ja sogar die Musterung u. Besprechung der höheren Persönlichkeiten des Pap. y müssen für jetzt unterbleiben, da uns das klein. Gott Hui, Anhur und Messu außergewöhnliche Aufmerksamkeit abnöthigt.

V. Hui wider Mesu.

Wir kommen zu einem der wichtigsten Abschnitte des Papyrus y. Nachdem ⬛ als Datum: [Jahr 52 Monat Phainenoth Tag] in Pa-Ramessu-Meri-Amun folgt Lin. 19 die Meldung des Weggangs einer wichtigen Person mit den Worten: das heisst: 𓈖𓏏𓏤 ... "Weggang des Theodulen Hui zur Zeit des Morgens habend einen Brief an das Haus des Herrn". Wie ich wörtlich mit Theodule übersetze, wird sonst mit "Prophet" übertragen; beide Ausdrücke entsprechen dem aeg. 𓊹, die Ergänzung der Gruppe ist mit Hülfe von Ⅳ 26 mit Sicherheit zu bewerkstelligen. Eben so ergeben sich die zweideutigen Züge am Ende der Zeile aus dem über die Briefträger Besagten. Das Haus des Herrn haben wir, wie dort ebenfalls angegeben ist, in Memphis zu suchen. Zeile 20 erwähnt die Lieferung gewisser Gegenstände für die königliche Prinzessin: 𓄤𓂋𓏲𓏏 Neferhot (die schöngesichtige) durch den Diener Djai (den Männlichen): —𓇼 von einer Seltenheit 𓈖 𓈖 Hanub - Goldhaus, dem ξευσοῦν ἔδαφος entsprechend. Die Hülfsmittel zur Herstellung der letzten Gruppe liefert Ⅱ ultima. Den nämlichen Dienst leistet Ⅲ 3 für die Wiederherstellung des fast ganz zerstörten Anfangs von Ⅳ 21 zu 𓈖𓏏𓏤 Schlachtung eines mit einem scharfen Mafka-Messer. 𓂋𓃀 ... Leider wird dadurch die Streitfrage: ob 𓈖 in Kupfer von Türkis bedeute, nicht entschieden, da nach Herodot Ⅱ 86 das Aufschneiden der Leichen stets Aethiopisch oder geschah. Der Rest von Ⅳ 21 betrifft ein Reichniss von 5 mna 𓈖𓈖 8 Uten 𓈖 umen Gras 𓈖 ... ergänzen vermuthlich an die Pferde des Koenigl. Marschalls.

Denn II 2 wird die Lieferung eines Sotnu (Einnehmers) des kgl. Marstalles erwähnt,

wie folgt: [Hieroglyphen] , II 17 ein Reichniss von

Heu für die Pferde (Ysop); II 20 ditto „Il den"; II 29 bekommen die Pferde, Fressen u.

Wasser"; II 15 u. II 22 hat das Gras den Beisatz [Zeichen] welcher entweder auf „Brot"

oder auf die Compression geht, da ein so determinirtes *Ei* den festen Zustand, im

Gegensatze zu [Zeichen] weich, flüssig bezeichnet .

IV 22. Diese Zeile sagt einfach: Reichniss an den Diener Mai: Brode gute weisse

3, Spitzwecke 3". Letztere sind, wie III 7 figurativ, nämlich durch △ gegeben.

Eine eigenthümliche Bemerkung enthält IV 20. Um das Verständnis derselben

anzubahnen, muss ich eine ähnliche, aber ausführlichere aus Pap. III Sallier Vers

n. 21 beiziehen; welche, in sehr flüchtiger Schrift über dem kalligraphischen Na-

menprotocolle Ramses II angebracht, folgendermassen lautet: „Gemacht von

dem Schreiber Amenchau des Herrn der Unterweisung in der Schrift; der,

welcher sprechen wird von der Schule des Schreibers Amenchau, dem wird sein

der Gott Thoth zum Gefährten bis zum Tode". Einen ähnlichen, aber dennoch

conträren Wunsch enthalten die Worte unseres Schreibers (quisquis ille fuit):

[Hieroglyphen] „wer schimpft auf mich, mög'ihn packen Thoth!

Was den Schreiber zu diesem Herzensergusse veranlasst hat, wird später klar wer-

den wen seine Persönlichkeit u. amtliche Stellung ermittelt sein wird .

IV 24: Ankunft des Schreibers Qas-r-heh (Qas for ever¹); er hatte eine Karit

von Mennefer" letzterer Theil ist schon oben besprochen worden. Der Text fährt fort:

[Hieroglyphen]

„er trenite (ⲟⲧⲧⲉ) sich von dem Hause, nicht seiend die Stunde zu sehen Jedermann"

Diese sonderbare, aber sehr deutliche Phrase vervollständigt die Zeitangaben

Die drei wichtigsten Zeilen IV 26, 27, 28 praesentiren sich folgendermae:

[hieratische Zeichen]

[hieratische Zeichen]

[hieratische Zeichen]

„Es sagte der Hui (Theodules) Träger des Schirmes im grossen Cortège des Koenigs, indem er anklagte den Boten Mesu, nämlich: er nahm ein Bad in der Aalath u. Fische, reisend nach Char; Er sagte mir Manches von Chairebu was er sehr schmat, leichbar zu sagen".

Meine Übersetzung dieser Stelle, die im Ganzen wohl erhalten ist, bedarf kaum der Rechtfertigung im Einzelnen; denn alle vorkommenden Ausdrücke sind bekannte Grössen. Um von hinten zu beginnen, so ist die Ligatur ⟵ von mir schon gehörig erläutert; wer noch weitere Belege wünscht, findet sie III, 30 und V, ult. in den Sätzen: [hieratische Zeichen] „Reichniss an die Diener Heti (und) Necht-tat, einem jeden 1, macht 2"— „Reichniss von Brodn an die [hieratische Zeichen] Individuen 40, einem jeden 2, macht 80".

Was die Form [Zeichen] (sich) hüten" betrifft, so ist allenlange [Zeichen] = dem hierogl. [Zeichen] die häufigere Form. Allein so wie hier steht sie auch sonst, z.B. im Romane der zwei Brüder heisst es V, 8 von der warnenden Kuh-Kuh: [hieratische Zeichen] sie war im Sagen zu ihrem Hüter (Baita); Sap. Anastasi V 15,3 steht: [hieratische Zeichen], Du bist der Hüter, welchen gibt (aufstellt) der Gott".

Das Zeichen, welches ich „Manches" übersetzt habe, ist zwar etwas verwischt aber dennoch ist die hieratische Form des hierogl. [Zeichen], welches eigentlich Aya-hah geschrieben wird u. dem Kopt. ϧⲁϧ multus' entspricht; darin nicht zu verkennen.

Die Gruppe [Zeichen] zu Anfang der Zeile 28 macht grössere Schwierigkeit.

20

Die Ursache hievon liegt in der Undeutlichkeit oder Neuheit des Zeichens ℣, welches Sylbenwerth haben muss, da der Strich | dahinter steht. Ich denke an eine flüchtige Form von ℣ mit der bekannten Lautung ter, u. vergleiche das ganze Wort mit der Gruppe ⟤𓏏𓏤𓊝 Katori Schiff. Mit der üblichen Abwerfung des ⟍ u. der Endung i, wird daraus das Kopt. KATO scapha, species navium". Da in Aegypten die Locomotion meist durch den Nil geschah, so liegt es nahe, KTE peragrare' ebenfalls hieher zu ziehen. Jedenfalls bleibt uns der Begriff "Reise", welches Wort ja analog aus der Bewegung zu Schiffe (reiten) sich verallgemeinert hat.

Der Theodule Hui ist zwar in Zeile 26 so: a𓏏𓊝 Hua geschrieben; allein das sonstige i dieses sehr häufigen Namens, der uns überdies Zeile 19 schon begegnet ist, bürgt dafür, dass hier ein ℣ vergessen worden ist.

Welcher ist nun der Sinn dieser Anklage oder Denunciation, welche der Theodule Hui wider den Sotem Mesu bei dem Schreiber des Papyr. y vorbringt? Er will offenbar sagen, dass dieser Mesu während seiner Reise im Auslande sich Handlungen erlaubte, die einem aegyptischen Priester streng untersagt waren. Es fragt sich also, ob Sotem oder, wie häufig steht, S姜mu ein priesterlicher Titel gewesen ist. Der Etymologie nach bedeutet 𓄿 Hörer' also "Auditor", u. ist mit 𓂋𓏤𓅱 jedenfalls stammverwandt. H. Dr Ebers in seinem Werke: "Aegypten u. die Bücher Mose's" p. 344 denkt dabei an die Function der Propheten, die Steuern zu vertheilen (Clemens Alex. ὁ προφήτης) καὶ τῆς διανομῆς τῶν προσόδων Ἐπιστάτης ἐστίν) u. citirt aus De Rougé's, VI premières dynasties' p. 40 einen Granden, der zugleich, Herr des Zeughauses, des Pfeiles, des Bogens, und 𓄿 Sotem, also Auditor gewesen ist.

Die priesterliche Eigenschaft des Sotem erhellt schon daraus, daß dieser Titel gewöhnlich mit dem Namen einer Gottheit in Verbindung steht. So traf ich einen [hieroglyphs] Sotem des Osiris (Louvre A X 6), einen [hieroglyphs] Sotem des Amenevurdjs (Wiener Stele XX des 3ten Zimmers). Die Stele der Amenho [hieroglyphs] (Wien. N° 52) liefert die Titel [hieroglyphs] Theodule des Ptah, Sotem des Wohlgeruches auch demotisch [hieroglyphs]

Dasselbe ist der Fall auf der Stele 98, wo Djeho (Tevs), der Sohn des Amenho u der Priesterin des Ptah, Ha-anch demotisch [hieroglyphs] Sotem des Ptah heißt.

Der Titel Sotem (curey audire) mußte natürlich auch den Priestern anderer Götter, z.B. Tum in Anu zukommen, weil wirklich der Einnehmer (exactor) der Steuern u. sonstiger Einkünfte (receibor) unter Sotem zu verstehen sein sollte.

Das Essen von Fischen [hieroglyphs] oder [hieroglyphs] ramu (cf. ὄψαρι) werden Priester deren Benennung ovae purus mit dem Begriffe rein sprachlich und graphisch zusammenfällt: [hieroglyphs] u. [hieroglyphs], ausdrücklich verboten, wie schon aus dem Todtenbuche z.B. cap. 64, 33 hervorgeht; denn es heißt daselbst (nach Birch's Übersetzung): (This chapter is a great mystery), not to be approached, except by one washed (vielleicht priest?) and pure, who has not approached women or eaten Fish. Letzteres ist ausgedrückt durch [hieroglyphs] die Taucher (Fische). Auf dieses große Mysterium des cap. 64 wird uns Cap. i noch ein Mal zu sprechen bringen, da es die eigenthümliche Auffassung dieses Capitels durch den Mohar (Moris) in begeisterten Worten meldet. —

Das Baden im Meere war den aegyptischen Priestern ebenfalls untersagt. Plutarch (de Is. et Osir. cap. 7) sagt: der Meeresfische enthalten sich die ägypter im Allgemeinen zwar nicht überhaupt, aber doch einigen, wie die Oxyrynchiten der γεωργίων, die Syeniten das Φάγρος; die Priester aber enthalten sich sämtlicher (Fische)". Nachdem er dann erzählt hat, daß die Priester am 9ten Thoth, wo jeder andere Aegypter vor seiner Hofthüre einen gebratenen Fisch verzehrt, diese Fische nicht verkosten, sondern vor den Thüren verbrennen, schließt er: ὅπως οἱ καὶ τὴν θάλασσαν ἐκ πυρὸς ἡγοῦνται (καὶ) παραγεγμένην οὐδὲ μέρος οὐδὲ στοιχεῖον, ἀλλὰ ἀλλοῖον περίττωμα ἀρρώστου καὶ νοσώδες. Im cap. 32 ist ihnen das Meer geradezu Typhon (Τυφῶνα δὲ τὴν θάλασσαν) was cap 30 wiederholt. Strenge genommen, ist die Verhaßheit des Meeres ein Corollar oder Notiz zu dem Verbot des österlichgemachten u. da diese Taucher genannt werden, so war es auch einem aegyptischen Priester oder Reinen nicht erlaubt, sich im Meere zu baden (d. h. unterzutauchen), ohne sich zu verunreinigen.

Die Denunciation des Mesu durch den Hui war somit von aegyptischem Standpunkte aus vollständig gerechtfertigt, um so mehr, als sie keinerlei Verläumdung oder Lüge enthielt. Denn der Sotem Mesu hatte ja diese beiden gravirenden Thatsachen dem Theodulen Hui selber mitgetheilt; sonst hätte dieser sie ja nicht wissen können. Wir werden bald sehen, wie der Papyr. i diese meine Deduction in glänzendster Weise bestätigt.

Es kommt aber Alles darauf an, nachzuweisen, daß der von mir mit Aolath umschriebene Name einem Meeresgewässer eignen muß. Die einfache Umsetzung der hieratischen in hieroglyphische Zeichen wird dies augenscheinlich machen: 𓂝𓏤𓈖𓏏𓈖 ist 𓈖𓏏𓊖𓏏 mit dem bestimmten weibl. Artikel. Nun aber wird 𓈖, wie das Großhaus di. Phar-ao uns lehren wird, zu aa und ΠΥ; das semitische o ᾽ entsteht durch eine graphische Verbindung mit ן (Nun) u. aus diesem häufig ein ᾽ (Jod) z. B. תֹשִׁיב vgl. mit חֹשִׁיב

Dem aufmerksamen Leser, der sich dieses Aolath mit hebräischen Buchstaben geschrieben vorstellt: עֲלָת, wird sogleich Ailath an der Bucht des rothen Meeres einfallen. Er wird auch nachdenken über die Bedeutung dieses Namens u. nachher mit mir finden, daß die Wurzel עול säugen, lactare ihm zu Grunde liegt. Da das Wort durch den bestimmten Artikel הַ Ta, Te deutlich als Femininum gekennzeichnet ist, so wird ihm die Endung ath ה_ sehr natürlich, ja nothwendig scheinen, wenn der Begriff die Säugerin ausgedrückt werden sollte. Was ist aber passender, besonders wo ringsum Wüste starrt, als ein Gewässer wäre es auch nur mit Beziehung auf die Fische, so zu benennen?

Dazu gesellt sich noch ein anderer, höchst wichtiger Umstand. Auf der Küste d'Anville's (N° V) ist neben Ailath die Variante Aelana angemerkt, wie nur bekanntlich auch der Aelaniticus (Name?) u. der Sinus Aelanites stammen. Nun wird uns aber in Pap. i ein Völksname Aolana wiederholt begegnen, der nach dem oben über Iuad, q u.i Ausgeführten sofort als isonkatisch mit Ailana = Aelana einleuchtet. Die Schreibung dieses Völksnamens bietet sich aber, wie H. Chabas in seiner „Reponse à la critique" p. 92 wider De Rougé mit Recht geltend gemacht hat, zweimal so dar: [Hieroglyphen] Aolana, einmal mit dem bestimmten Articulus pluralis versehen: [Hieroglyphen] na (ne) die"

Die Gruppe welche De Rougé mit der vorstehenden verwechselt hat sieht etwas anders aus: [Hieroglyphen] Naluna-u. Sie steht auf der großen Siegesinschrift des Menephtah (Dümichen Hist. I. IV 45) im Gegensatze zu [Hieroglyphen] [Hieroglyphen] den Alten (Veteranen) allen des Heeres". Man wird also nicht umhin können, in jenen Naluna-u die Jungmannschaft oder Recruten zu erblicken, was mit Rücksicht auf das zu נערון Naarun erweiterte נער „Jüngling" hinfällig

Die nämliche Amplification durch 𝕹, welche im Semitischen so häufig erscheint,
liegt auch in obigem Aolana verglichen mit עלם. Konnten die Leviten Jünglinge
genannt werden (von עול jung); warum nicht die Anwohner der Zucht Aolath
Säuglinge, besonders da man beständig dabei an die Säugerin erinnert wurde!. Ich hoffe also, von keiner Seite wegen Form, Zaalung u. Bedeutung der
für unsern Zweck so wichtigen Namen Aolath u. Aolana Widerspruch zu erfahren.

Vergegenwärtigen wir uns noch ein mal den ganzen Satz über Mesu:
Er hat (sagt sein Ankläger Hui) genommen ein Bad in der Aolath u. Fische;
u. stellen wir demselben eine wichtige, jetzt ergänzbare Stelle d. Pap. i XXIII ½:

𓀀𓂋𓏤𓇋𓈖𓆛𓏤𓈖𓆗 ⋯ 𓂝𓈖𓏤𓅱𓏤𓈖𓆓𓏏

11. Chabas übersetzt diese Stelle richtig u. anansechtbar: „N'as-tu pas mangé
des poissons de la rivière . . . . . ? Ne t'es-tu pas baigné en elle?" Man bemerke
auch hier das stark ausgespro. hene weibliche Geschlecht des fraglichen Gewässers,
so wie die Spur des Artic. jenim. im Anfange der ausgetrochenen Gruppe 𓈖𓂋,
um mit mir die Überzeugung zu gewinnen, dass beide Papyrus, ē sowohl als g,
von der Zucht Aolath u. der nämlichen Persönlichkeit des Mesu handeln.

Ich kann mir das Vergnügen nicht versagen, hier anzuführen, was H. Chabas mit bewunderungswürdigem Scharfblicke zu der ausgetrochenen Stelle an-
merkt: Il est bien regrettable que le nom de la rivière ait complètement disparu;
car il aurait été pour nous d'une grande utilité pour la détermination des localités
où nous transporte maintenant le narrateur Il y a quelque probabilité que le voyageur se
treuve dans l'Arabie-Pétrée. S'il en était ainsi, le nom effacé, qui est déterminé
par les signes de l'eau et par celui des contrées étrangères, ne pourrait guère s'appli-
quer qu'au golfe élanitique (le Bahr-Aqabah) — pag. 286 seines Werkes: Voyage d'un Egyptien.

VI. Wirklichkeit der Reise des Mahar.

4. Chabas erhält aber durch die drei Zeilen des Papyrus y: IV 26, 27, 28 eine gewiss erfreuliche Bestätigung seiner Grundansicht, dass Papyr. i eine _wirkliche Reise_ und zwar wie es im Texte selbst wie es wolt Mahar betitelten Mannes zum Gegenstande hat. Ein solcher nachträglicher Beleg für eine trotz aller Studien u. Mühen immerhin noch dunkle oder zweifelhafte Materie wird um so willkommener heissen müssen, als zuin namhafte Ägyptologen sich _gegen_ seine Auffassung dieses wichtigen Aktenstückes erklärt haben. H. Brugsch ist in der Revue critique (1867 August und September) mit einem nicht eben schmeichelhaften Artikel dagegen in die Schranken getreten u. H. de Rougé hat um dieselbe Zeit in der Revue archéologique, wenn auch vorläufig nur in einer Anmerkung, die Ansicht niedergelegt, dass sich H. Chabas über den Charakter des fraglichen Papyrus in absolut gründlich getäuscht habe. Dem ersten der zwei Kritiker ist inzwischen von H. Chabas in seiner Réponse à la critique eine ausführliche u. zum Theil abfertigende Antwort zu Theil geworden; was der zweite H. de Rougé, thun oder lassen u. was ihm erwiedert werden wird, muss die Zukunft lehren.

Was mich betrifft, so hatte ich bald nach dem Erscheinen des Werkes von Chabas denselben Papyrus in einer akademischen Abhandlung besprochen und habe im Wesentlichen die Ansicht dieses französischen Ägyptologen adoptirt; hiezu bestimmte mich eignes Studium, die Gediegenheit der Motivirung des Herrn Chabas u. der Umstand, dass H. Goodwin sein Mitarbeiter gewesen war. Ich hoffe durch meinen Beitrag den Streit vom Gebiete der Persönlichkeiten und des gehässigen Zankes auf das ungleich lohnendere Feld der Thatsachen hinüberzuspielen u. insofern zum Fortschritte unserer Wissenschaft etwas beizutragen.

Das Baden in der Aolath u. das Essen des Ram-Fisches sind nicht die einzigen Puncte, worin Papyrus i und Papyrus y, d.h. die Reise des Mohar und die Reise des Mesu coïncidiren, sondern die Hauptsache, nämlich die Tour nach Char (Syrien) ist beiden gemeinschaftlich. Man vergleiche doch nur einen Augenblick lang die Legende der Pap. y: 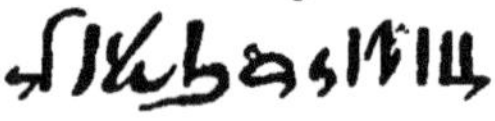 „reisend gen Char" (das Fremdland) mit Pap. i XVIII, 7: „hast du nicht geschaut das 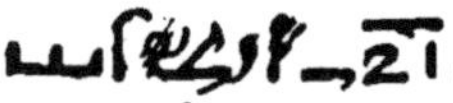 Land von Aup?" H. Chabas hat (p. 97 d. Voyage) eine Stelle des Pap. Anastasi III, I, citirt, welche besagt: „Das Land Char (reicht) von (der Grenzveste) Djor bis nach Aup". Folglich musste, wer Aup geschaut, auch das Land Char besucht haben. Derselbe Pap. Anastasi III, V 8 erwähnt unter den Mühseligkeiten des Officiers den Marsch nach Charu, u. Pap. Anastasi V, XIII 6 meldet ein Vater, dass er seinen Jungen, der nach Charu gegangen, zur Umkehr nach dem Schlosse seiner Genossen bestimmen wolle.

Weiterhin berichtet der Theodule Hui dem Schreiber des Pap. y, dass ihm der Sotem Mesu, welcher die Reise nach Char gemacht, Vieles von der Stadt  Chalebu erzählt habe. H. Chabas citirt neben der Legende  des Pap. i XVIII 8 die Variante 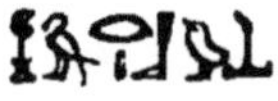 für die nämliche Stadt, welche er aus triftigen Gründen dem heutigen H(Alep) vergleicht. Also auch in diesem Punkte herrscht vollständige Übereinstimmung der beiden Papyrus. Was für Dinge der Sotem Mesu dem Hui mitgetheilt, „welche Jedermann zu sagen er sonst auf der Hut war," können wir später annähernd vermuthen.

Nachdem ich so die Ueberzeugung gewonnen hatte, daß der Pap. i, wie Chabas angenommen hat, eine *wirkliche Reise* enthält, nicht eine *fingirte* oder gar *complicatorische*, worin Länder, Städte, Berge, Flüsse, Furten ohne alle Ordnung aufgeführt würden, wie es den HH. Brugsch u. de Rougé hat bedünken wollen — durfte ich es wagen, eine vollständige Uebersetzung dieses hochwichtigen Actenstückes zu unternehmen — sie ist im gedruckten Anhang I dieses meines Buches gegeben — u. sogar einzelne Lücken, die der Papyrus Löcher hat oder verwischte Stellen bietet, möglichst zu ergänzen.

Dahin gehört vor allen die in einem Buche des Papyrus i II, 1 verschwundene Eigenname des Schreibers. Mit Berücksichtigung des Pap. y IV 19, 26, und mit Beachtung des Raumverhältnisses der Lücke, ergänze ich den Namen eben jenes Denuncianten Hui u. [Hieroglyphen] der Schreiber Hui, Sohn des Unnefer: Derselbe leistete dem Verfasser des Tagebuches (Pap. y II 19) die Dienste eines Briefträgers (nach Memphis); seine Denuncirung des Mosu steht in gutem Einklange mit dem gehässigen Tone, den er stellenweise gegen den Mohar anschlägt, u. da aus diesem Papyrus i) sein Ehrgeiz mehr als genug ersichtlich ist, so steht nichts im Wege, ihn mit dem Hazin ([Hieroglyphen]) Hui des Pap. Leyd. I 349, 7 zu identificiren, welchem sein Untergebener Yeni-Amun Bericht erstattet über die zum Baue eines Schatzhauses des Ramses, südlich von Memphis, Steine herbei-schleppenden Apriu (Ebräer). Hatte der Mohar als einflussreiche Person, die von dem Schreiber am Schlusse ausgesprochene Bitte, sich gelegentlich für ihn beim [Hieroglyphen] Sar ([Hieroglyphen]) Wah verwenden zu wollen, erfüllt, oder war Hui durch seine Denuncirung über dieses Mohar gestiegen?

Wie man sich aus dem Inhalte des Pap. i mit eigenen Augen überzeugen kann, war Hui, der Schreiber dieses durch kalligraphisch bemerkenswerten Arbeitsstückes, ein Zögling, ata ☥☥ der Gross-Anstalt 𓉐𓈖𓏏𓏭 des Sestsu-Meri-Amun; später wurde er nach Pap. Leyd. I 349 Kazin dieser uh (ἀγο diversorium, hospitium). Auch der Vater des Sesostris, nämlich der König Sethosis I, hatte eine solche Bildungs-Anstalt gegründet, wie uns ihm Diodor 153 berichtet: γεννήσαντος δὲ τοῦ Σεσοώσιος ὁ πατὴρ αὐτῷ μεγαλοπρεπῶς τι καὶ βασιλικὸν ἔπραξε· τοὺς γὰρ κατὰ τὴν αὐτὴν ἡμέραν γεννηθέντας παῖδας ἐξ ὅλης τῆς Αἰγύπτου συναγαγὼν ...... τὴν αὐτῶν ἀγωγὴν καὶ παιδείαν ἐπιμελῶς πᾶσιν. Der Hellenchons der Münchner Ägyptothek gedenkt in seiner Lebensbeschreibung dieses Instituts, indem er erzählt, daß er vor seinem ersten Fürstthume, na in seinem 15ten Jahre, den Grad eines Superior in der Bildungs-Anstalt des Königs Rammma (Vorname des Sethosis) eingenommen habe, wörtlich so: 𓀀𓏤𓈖𓏭𓂋𓏤𓉐𓏏𓆇𓇳𓅱𓍼 Hui Superior instituti informationis reg. Rammma. Wir werden später von einem ähnlichen Ahu in Anu (Heliopolis) zu handeln haben, welches ein Mohar längere Zeit besuchte; jenes führt den bezeichneten Zusatz Ahu, der Schriftgelehrten.

Der literarische Ruf des Schreibers Hui scheint ziemlich bedeutend gewesen zu sein, da zwei Ostraca (Cailliaud und Louvre) seine Protestation (Papyr. i VIII,II) „Es ist der Gott Jhuti (Thoth) als ein Schild hinter mir etc.“ reproduciren. H. Chabas hat diese wichtige Thatsache (Voyage p. 29) gebührend gewürdigt und mein nächster Freund: H. von Horrack, hat in der Zeitschrift für ägyptische Sprache und Alterthumskunde (1868 Januar-Heft) durch die Entdeckung u. gründlich philologische Behandlung des zweiten Ostrakons Werthvolles geliefert.

VII. Der Psalmist Anhur.

Hier war aber, u. wie hieß jener Beamte, bei welchem der Schreiber u. Thierba Hui den Auditor Mesu wegen unpriesterlicher Aufführung denuncirte ꝛꝛ? Er ist der Verfasser des Tagebuches (Pap. y.). Seinen Namen liefert uns Pap. i. XIII u. theilt dem Hui die Worte der Antwort: Du bist kein Schreiber von authentischem Namen, ohne Schulung; du trägst die Palette verkehrt ꝛꝛ du bist nicht in der Lage was der ihm eigenen Bescheidenheit widerlegt u. hinzugefügt hat ꝛꝛ. Ich wiederhole es dir zum zweiten Male: deine Darlegungen sind trügerisch; nicht gelangt man zu ihrem Verständnisse; schließt er im Sinne einer Appellation an die höchste litterarische Instanz: 𓏏𓂋𓈖𓍯𓏤 ... deine Schriften werden gebracht vor Anhur (damit er entscheide zwischen uns beiden).
H. Chabas bemerkt hiezu: „Le scribe fait appel à la décision d'An-Her. Est-ce une locution proverbiale? S'agit-il au contraire d'un personnage ainsi nommé dont la compétence aurait été généralement reconnue par ses contemporains? C'est ce que nous ne saurons probablement jamais! Vielleicht doch!

Eigentlich würde die Gruppe, wie sie hier im Texte steht, weil sie das Determinativ 𓌢 hinter sich hat, auf den Kriegsgott Anhur ('Ονουρις) gehen, welchen die Griechen mit ihrem Ἄρης verglichen haben. Die Richtigkeit dieser Zusammenstellung ergibt sich aus Pap. Leyd. I 343 G XII 12/14, wo der semit. Kriegsgott 𓊃𓏤𓈎𓈖 , welcher tödtet (vergl. Vogüé in Journal asiatique 1867, wo er S. 163 mit 𓏏𓅓𓎛 die Foudre zusammen 𓊹𓏏𓂋... dem Stürmen des Anhur seine Parallele erhält. Sollte also Hui an eine Entscheidung durch die Waffen, ein eigentliches Duell, mit Anhur appellirt haben?!

Aber es handelte sich ja um eine Entscheidung in einer ältlichen Streitfrage! Da konnte weder an den kriegsgott-änhuer, noch an den cyprischen Erzbischof appellirt werden. Wir wissen aus vielen Beispielen, daß das Zeichen $\rceil = \underline{\underline{\triangle}}$ nicht nur hinter den Götternamen, sondern auch hinter den Namen menschlicher Persönlichkeiten gesetzt wurde, um einen gewissen Vorrang derselben anzudeuten. Um nur eines anzuführen, so ist auf der großen Liste der Baumeister in den Steinbrüche von Hamamat der „architecte et fonctionnaire Bakenkhonsu et-lui" unter seinen 25 Collegen von dem Denkbilde der vornehmen Personen begleitet. H. Déveria (: Monument biographique" p. 29 a) bemerkt hierüber wörtlich: „Ce nom est le seul de la liste qui soit suivi d'un déterminatif, et c'est un signe d'honneur, qui est employé? Auf dem Sitzbilde des Bakenhons in der Münchner Glyptothek wurde sogar, offenbar in alter Zeit, der Umriß eines Sperberkopfes angezeichnet wohl aus keinem andern Grunde, als um die dargestellte Persönlichkeit als eine göttliche d. h. überhaupt als hervorragende zu markiren. Denn den Sperber vertritt bekanntlich die Zeichen $\rceil$ und P, so wie $\underline{\underline{\triangle}}$. Ich halte daran, gegen H. Chabas (Voyage' p. 26) immer noch fest an meiner Ansicht, daß der Bakenhons von Hamamat mit dem der Münchner Glyptothek identisch ist. H. Lieblein hat in der Zeitschrift f. aeg. S. u. Alt. 1868 p. 2 eine Abbildung gegeben über seinen im Museum des H. Mayer zu Liverpool befindlichen Sarkophag von unpolirtem Granit; Theil der öfter wiederkehrenden Inschrift [hieroglyphs] der erste Prophet (Vorsteher, Hohepriester) des Amun : Bakenchensu". Die Museen von Wien und Berlin enthalten kleine Denkmäler dieses Namens: Champollion hat das Grab des Bakenhons besucht und Inschriften copirt. Über den Amunsprophet [hieroglyphs] (Rosellini, VI, 9) lebte später unter Sethosis II.

Wie der Münchner Scheuchzer als Hoherpriester u. Kirchenmeister, so scheint sich, jetzt zu gleicher Zeit mit ihm; unser Arthur auf litterarischem Gebiete ausgezeichnet zu haben: in der That wir wieder ihn außerhalb seiner offiziellen Thätigkeit in einem Armeleum, wo er eben jenes Tagebuch geführt hat, als Dichter, ja als Reimmeister treffen. Beachten wir zuvor die Spur seines Namens, welche uns der Pap. y wiederholt (I3, 7, 9) in der Rubrik ⸻ darbietet. Diese weitern Lesungen können zwar einen wirklichen Sinn haben; aber wenn man unterstellt dann II, 27; III 3, 8, 22, 25; IV, 17 (schwerg; es wird die Lesarung von Weihrauch erwähnt) jenen Zusatz, da an allen diesen Stellen ebenso gut der Begriff, weitere, Formel hätte hinzugefügt werden können". In der Annahme einer allenfalligen Anspielung auf seinen Namen, welche ganz im Geiste der Aegypter gelegen hätte—hätten wir uns einstweilen auf Ähnliches bei Gelegenheit des Namens Mesu gefaßt—wäre die Erklärung jenes Zusatzes hier geboten. Indeß ist ein solches Argument immerhin negativ u. von sehr schwacher Beweiskraft. So hätte eben zu dem Ostrakon (das Louvre'sche hat keine solche Spur) welches Caillaud mitgebracht hat, (Chabas Voyage, vorletzte Tafel) bemerkt werden können, daß die Schlußformel: durch den Träger der Fahne (d. Baumers „Flabellifere" Chabas Voyage p. 31) zur (dieses Wort fehlt im Texte)-Koenigs-Rechten, den M u r der Stadt u. Djet des Landes, offenbar ohne den Namen dieses Würdenträgers unvollständig wäre. Nun steht aber vor der Gruppe—┃durch' noch ziemlich erkennbar ⎵ ⏜ „geschrieben" und in der nächsten Reile, nart am Rande ⸻, was dem Schreiber Hui ergeben würde. Ist aber die Protestation, welche das Caillaudsche (u. somit auch das d. Louvre) Ostrakon enthält, dem Schreiber Hui vindicirt, so muß er also den Papyrus Anastasi I verfaßt u. geschrieben haben.

Ein stärkerer u. wohl entscheidender Beweis liegt in die Thatsache, dass nach Pa, 1, y der Tceodea Hui den Auditor Mesu bei r anklagt, u. dass der Schreiber des Pap. i, seinem Mohar gegenüber, sich auf die Entscheidung des Anhur als höchster Instanz beruft — noch ehe, nachdem die Identität der weise des Mesu u. der Reise des Mohar bereits dargethan ist.

Hat aber Anhur den Recto des Papyrus geschrieben, so ist er auch der Verfasser u. Schreiber des Verso; denn dieser zeigt die nämliche Handschrift, eines Viel u. darum flüchtig schreibenden Gelehrten: docti male pingunt (litteras). In der Ausgabe von Riemans ist das Tagebuch oder die Rechnungen des Pap. y (I, 350) n revers genannt. Ich fasse die Sache umgekehrt auf, weil ich mir denke, dass die Ziffern des Tagebuches den poetischen Verfasser, der des trockenen Tones (nach sechs langen Columnen) herzlich satt geworden, zu dichterischen Behandlung der Zahlwörter veranlasste, aber nicht vice versa! Dass ich Recht habe beweist auch folgender Umstand: die Columnen des Tagibuches sind alle rechtläufig; aber von dem zusamenhangenden Text (über Holm auf Amen-Ra) ist die VI. Columne, im Verhältniss zu den vorigen, umgelegt, oder umgestülpt. Daraus kömmt es, dass H. Chabas in seinen Notices c traites sagen Romde. Lapag. V. du Verso contient encore quelques lignes de comple, et, dans un sens inverse, treize lignes d'un texte religieux d'ici-ti et très difficile à lire. Zu Beweis, dass Col. VI nicht einen neuen, verschiedenen Text bietet, liegt darin, daß Col. VI. die Zahl 500 schliesst, 600 beginnt u. bis VII. fortgesetzt wird, wo das das Zahlwort sieben (Hunaut, gerade er anfängt, wie siebzig VII, H ä sieben I, 13, und mit der Lautgruppe ⟨⟩ safch, kopt. cawq septem, hebr. שׁבע. Es ist nur an der Zeit, von seiner schönen Entdeckung des H. Goodwin zu sprechen.

Dieser scharfsinnige, um die Entzifferung hieratischer Texte höchst verdiente Forscher hat [in der] Zeitschrift f. Aeg. 1864 die Wahrnehmung gemacht, daß in dem Pap. y (Regiensis I 350) neben den roth geschriebenen hieratischen Ziffern sich regelmäßig eine phonetische Gruppe befindet, welche das betreffende Zahlwort angibt. H. Pleyte hat diesen Gedanken in derselben Zeitschrift (1867 in 3.1te) des Näheren entwickelt u. zugleich seine hieratischen Typen dazu verwendet. Auch bemerkte er, daß die Rubriken mit der Gruppe 🔲 hat "Haus" beginnen. Den Sinn anlangend, so hat H. Chabas ihn kurz u. gut mit den Worten gekennzeichnet: "C'est un hymne adressé au dieu de l'Egypte sous ses attributions solaires:" Aber ungeachtet mehrerer richtig übersetzter Sätze ist ihm doch der Name dieses dieu entgangen, nämlich Amun, so wie der Beweggrund, der die sonderbare Eintheilung nach den Zahlen des decadischen Systems veranlasst hat, denn er sagt: "Il serait difficile de trouver la raison de cette division singulière; c'est du reste le premier exemple que j'en aie rencontré". Ich glaube jetzt diesen Grund so mit Sicherheit angeben zu können: es ist ein Gedicht – dafür zeugen schon die rothen Puncte nach jedem Halbverse des Parallelismus – auf Amun-Ra, als den Inbegriff des aegyptischen Götterthums, wobei die Ziffern u. Zahlwörter analog als Motive benützt u. durchgeführt sind, wie die Buchstaben u. ihre Namen in den sogenannten akrophonischen Psalmen der Bibel. Deßhalb habe ich diesem Capitel die Aufschrift gegeben: Der Psalmist Anast.:

Im Anhang II biete ich eine Uebersetzung des ganzen Papyrus, so weit er erhalten u. wegen Verschwommenheit der Anastasi schwer leserlichen Schriftzüge zu entziffern ist. Hier sollen uns nur die Beispiele beschäftigen, welche zur Illustration der Zahlwörter u. des von mir behaupteten Charakters nothwendig erscheinen.

34.

Der Anfang fehlt, da eine Columne des Textes abgebrochen ist. Diese enthielt
die vier ersten Zilien u. Zahlwörter und dem größeren Theil über „5 fünf."
– Nach der Art der uns zugänglichen Gedanken zu schließen, war unter Haus
Nummer 1 (Eins) die Einheit des Theiles liegen soll, auf welche der Text wiederholt zu sprechen kömmt, unter Haus Nummer 2 (Zwei) die Zweiheit des göttlichen
Wesens in der Doppelheit des Geschlechtes; unter Haus Nummer 3 (Drei) die Drei-
heit Amun-Ra-Ptah, die unter 300° wieder besungen wird, unter Haus Nummer
4 (Vier) vermuthlich die Vierheit der Weltgegenden. Den Schluß jedes Hauses
einer Benennung, die an ○ Pforte, am Capitel einmal, – bildet in der Regel
wieder eine phonetische Gruppe, wie am Anfang, um das Zahlwort zu lauten.

Von Haus Nummer 5 (Fünf) sind die Schlußverse erhalten; dein göttlicher
Sohn (Körper?siehe?) in dem Gehäuse erleuchtet die Welt, nebst deiner Seele seit
der Urzeit. Wesen [alle] betrachten dich; Verehrung durchdringt deine Anbeter.
Im letzten Worte liegt die Pointe; denn verehren oder Anbeten wird durch
☐☐☐ ti au ausgedrückt, geschrieben mit dem fürstlichen Stern, u. dem
Kopf. tros entsprechend. Der Verfasser hat vor u. hinter dieser Gruppe noch ein T
☐ beigefügt, um diese Anbetung als etwas Religiöses, Heiliges, zu bezeichnen.
In der Übersetzung läßt sich natürlich das Wortspiel nicht nachahmen; doch
dürfte der griechische σχυτ ὁ θεῖτ von νέσετ, oder die Rebus schließ z. B. meiner 3, ich habe 5° (meiner Treu' ich habe recht) einen Begriff davon geben.

Haus Nummer 6 (Sechs): Der von Steyk etwas mißverstandene Anfang
(vergl. Goodwin in der Zeits. 1867 p. 100) lautet: „Jeder Bezirk ist fürchtend dich;
die Bewohner der [Länder] zittern vor deiner Kraft". Am Schluße heißt es: „Kein
Gott ist so wohlthätig [wie Du; alle] Gesetze strömen aus deinem Bezirke".

das Wort xee ¹ ſuu gibt die Phonetik des Kopt. Zahlwortes ⲥⲟⲟⲩ, sex. Doch gab es noch eine Nebenform ⲙ sas, die dem ⲱ sex ¹ßß, sechs entspricht.

Haus Nummer 7 (Sieben): Ein buntes Gefolge ist in Theben" — alle Gaben der Stadt erhält [Amun]" Der Schluß ist ausgebrochen; über daſſelbe habe ich oben pag. 32 schon das Nöthige beigebracht. Das Wort ⲕⲱ ¹ iſt uns übrigens in der Stelle von den Titeln des Hui ebenfalls begegnet. (Vielleicht heißt es) Der Anfang von Haus Nummer (8 Acht) fehlt; der Schluß lautet: "O Einer, der Einziger ehrwürdiger Gott, deſſen Name verborgen (amun) iſt in den 8 Göttern" Diesmal iſt das Zahlzeichen 8: ⲍ gebraucht; im Anfange ſtand ſicher ⲟ⳨ⲇ wie ſpäter unter Haus Nummer 10. Eine Nebenform zu dieſem seschmu iſt ⲓ⳨, woraus Ⳅⲙⲟⲧⲛ, ⳄⳘⳄⳁⳁ offenbar abgeleitet ſind.

Eine Doppelform existirt auch für das Zahlwort neun. Der Stelmist hatte ſicher die Lesung paut angewendet, während das Kopt. ⲯⲓⲥ ſich aus dem (ſpäteren!) ⲯⲥⲉⲇ psed entſprang. Denn er ſagt: Haus Nummer 9 (Neun): Die Gesamtheit (paut) der Götter entſteigt (aus) dem Ocean (Urwaſſer) es richten ſich auf bei deinem Anblicke die Wanderer — er iſt der groſſe Gott, welcher beherrſcht die Göttergesamtheit".

Unter Hausnummer 10 (Zehn) verherrlicht der Stelmist Theben, die Stadt des Amun (ⳄⲱⲛⳄ): "Angenehm (nat) iſt Theben über jede Stadt" — alle die Städte führen Tribute herbei, damit ſie vergröſſern Oart: ſie iſt die angenehmſte" Bemerkenswerth u. Brugsch's Lesung der Gruppe ⲫ⊙ beſtätigend iſt der Papyrus; Bereichert iſt ſie mit Dingen in ihrem Namen als Oas t, der Stadt des Alterthums! Hier liegt nämlich ein Wortſpiel vor, man ⲫⲯⳌ user, veuor, reich: Man möchte, ſei an Oase (ⲟⲩⲁⲥⲓⲥ = οἰκητήριαι Χῶραι) denken, wie ja München ähnlich von Guſtav

Adolph wegen ihrer Pracht u. öden Umgebung genant worden ist. Von jetzt an will ich, der Kürze wegen, nur die Zahlwörter behandeln. Haus Numer 20 dreht sich um die Gruppe 𓏤𓏤𓏤 zaut (zwört zigint).

Für dreißig fehlt das entsprechende Wort, es ist hier nur das Zahlzeichen. Allein die schöne Vermuthung des H. Chabas, dass der Titel 𓄿𓈖 Mapu dem Kopt. ⲙⲁⲁⲃ entspreche, findet seine Bestätigung darin, dass der Schreiber unter den 𓍝 jene 3×10 oder 30 Richter (aus Theben, Memphis u. Heliopolis Diodor I 75) zu begreifen scheint, da seine Verse die Bestrafung der Verbrechen zum Gegenstand haben. Vergl. Sap. Anastasi VIII, IV,1: 𓇋𓄿 𓄿𓈖

Für 40 bietet der Papyrus 𓍢 mit der Bedeutung verhüllt, unkund. Da der Schakal (nach Horapollo) ⲁⲛⲟⲩⲃ galt u. seine Lautung ϭⲱⲙ mit dem Zahlwort für quadraginta identisch ist, so haben wir die obige Gruppe weil hmeu zu lesen u. uns die passive Auffassung des activen ϭⲱⲙ uns zu denken. — Die Zahlwörter von 50–90 sind Plurale der Einheiten. Für 100 hundert ist 𓏢 schatz der Anfang verwendet, weil dieses Wort dem Kopt. ϣⲉ ϣⲟⲣ zum Grund 6; für 200 𓏤𓏤 die Mysterien schetau wegen des im Kopt. noch vorhandenen ϣⲏⲧ. Doch sagte man auch ⲥⲛⲁⲧ-ϣⲉ du cann, zwei-hundert ⲟⲩ-ⲇⲓⲟⲥⲓⲟⲛ etc; tre-centi quadrin-genti etc. Gerade so machte es der Psalmist er schreibt 𓏤𓏤 𓈖 3 sche, ⲕ𓏤𓏤 43che wie Kopten sagen ϣⲟⲩⲛⲧ-ⲛ-ϣⲉ, ⲁϥⲧⲟⲩ-ⲛ-ϣⲉ für 300 u. 400. Für 500, 𓆼 thalor 𓂝𓏲 „tilgend die Frevler; weil schau ⲕⲟⲃⲧ illusio an die Lautung seb erinnert, welche der Silen 𓆼 für ⲧⲓⲟⲩ stellet u. ⲕⲏⲧ tempus halten. An der Stelle wo 600 stehe soll, eine Lücke, es folgt 𓎆𓍢𓏲 sau (Kund); um an ⲥⲟⲟⲩ-ⲛ̄-ϣⲉ, u. zuletzt 𓎆𓏲 um an ⲥⲁϣϥ-ⲛ-ϣⲉ 700 zu erinnern.

VIII. Der Mohar ist Moses der Ebräer.

Die Identitaet des Sotem Mesu (Pap. y) mit dem Mohar Pap. i) erhellt bereits aus der Gleichheit ihrer Reise nach Char (Syrien), aus ihrem Besuche der Stadt Chalebu, aus dem Izze in die Aolath und aus dem Vagehren von Ram-Fischen dieses Seegewässers.

Aber der Pap. i enthält noch weitere Belege für diese Identitaet. Bei Gelegenheit der militärischen Expedition nach Rohana gegen die rebellischen Aolana hatte der Mohar sich eine Massregel erlaubt, welche der Schreiber Hui) für geeignet erklärt, bei dem Könige denunciirt zu werden. Ich gebe diese Stelle mit den Worten der Chabas'schen Übersetzung: „Mapou, notre castigateur, tu fus un scribe habile; tu arrivas pour donner des soins à l'heure du départ, en un jour critique. Scribe de par le Roi 𓍹𓏏𓀃𓏏𓊪𓏏 toi, qui as été amené pour nous réprimer, il n'est pas bon que Poumessou l' entende; car il enverrait pour te réprimander." In der Erklärung zu dieser Stelle bemerkt H. Chabas: „...le scribe ne nous donne absolument aucun détail, si ce n'est qu'il était bon qu'un personnage considérable, le roi très-vraisem- blablement, n'en fut pas informé; car il y aurait eu lieu à réprimande. On sait que Ramsès II avait reçu le surnom populaire de Sesou ou Sestsu 𓊃𓋴𓋴 𓊪𓏏𓅱𓏏𓊪 Pumessou (sic!), pourrait être un autre sobriquet militaire du même conquérant."

So geniel und einlasdend obige Conjectur auch ist, so liegt ihr doch eine Ungenauigkeit in Betreff der Lesung u. Schreibung dieses Namens zu Grunde.

nicht Pou:messu (mit doppeltem s), sondern, wie H. Chabas richtig in die
er.kl...enden Hieroglyphen umgesetzt hat, deutlich: [Hieroglyphen]
Pa.Mesu. Nun will ich zwar nicht in Abrede stellen, daß mesu, mit
dem bestimmten Artikel pu versehen u. das Kind bedeutend, auch auf den
Koenig Ramses II. bezogen werden könne, da er in seinem ausführlichen Namen-
Protocolle (z. B. Lepsius Denkmäler VII, III Blatt 194) [Hieroglyphen] genannt
wird, was Hermapion in seiner Übersetzung der Inschrift des Obelisken von Heliopolis durch (τοῦ Ἥρωνος) θεογέννητος wiedergibt; dem unmittelbar daraus
folgt [Hieroglyphen] κτιστὴς τῆς οἰκουμένης. Auch hieratische Exemplare haben
dieses Zeichen Ra mesu. neteru in seinem Protocolle, z. B. das Ra...graphische (?)
Leydense I.348 m) [Hieroglyphen]. Aber dieselbe Papyrus liebt eine V
folgende Variante [Hieroglyphen] Ra-messu neteru. Das störende
Ra in diesen Zeichen — denn die Übersetzung θεογέννητος könnte es nicht, noch
kann es zur vorhergehenden Gruppe [Hieroglyphen]
=ὃς ἐφύλαξεν Αἴγυπτον, τοὺς ἀλλοεθνεῖς νικήσας gezogen werden — ist
mittels einer schönen Beobachtung des Herrn Chabas einfach zu beseitigen.
Das Ra eines andern Titels dieses Koenigs in seinem Thronschilde [Hieroglyphen] =ὃ
Ἥλιος προτάξειεν, wird nicht selten für den Begriff eligere mit hinüberge-
nommen, ohne daß ausgesprochen zu werden: es ist dies eine Spielerei des Schreibers oder eine Schmeichelei gegen Pharao. Jenede so verhält es sich mit dem Ra
obigenliegende θεογέννητος. Man könnte wohl den König Götterkind nennen,
aber niemals behaupten, daß der Sonnengott Ra, der Centralpunct des aegypt.
Pantheons, ein Kind der Götter gewesen sei. Und welche barocke Verbindung
würde. Sonne Götterkind in dem Protocolle eines Koenigs dargestellt haben!

Wenn die Truppe „notem die Götter" vorausginge, so könnte das Pu-mesu des Pap. i auf sie bezogen werden, wie man Koptisch sagt: ⲛⲟⲩ ⲙⲁⲉⲓⲗ ⲧⲟⲛ figlio. Allein dies ist hier nicht der Fall. Es muß also ⲡⲏ entweder als schönes Nomen im statt ⲡⲩ pu (bhu, ⲫⲩ-ⲱ, ⲉⲩ-ⲟ, bi-n, to be) aufgefaßt werden, wie im wirklich „ⲡ-ⲧⲉ est" verdorrt u. dann gehört es zu dem vorangehenden an nefer, non bonum ist" — oder es ist die vollere Form des bestimmten Artikels u. steht im Nominativ als Subjekt zu dem folgenden sotem-f (dass) der Mesu höre es". Aber selbst in diesem Falle, wo nämlich Pu-Mesu (ohne Schildeinrahmung u. ohne zugehörendes Determinativ!) auf den König Ramessu gehen sollte, wäre die Wahl dieser bis jetzt einzig bestehenden Variante seines Namens gewiß keine absichtslose sondern als Anspielung auf den Namen des Adressaten zu fassen, also auf einen Mesu. Ich mache auch noch darauf aufmerksam, daß die Linie hin genau so gestrichen ist, wie in Pap. y — ein ziemlich bedeutendes Gewicht in die Wagschale für die Identität der Person.

Dazu kömmt ein anderer beachtenswerther Umstand. Unmittelbar hinter dem Pu-mesu (oder pu-Mösu nach meinem Vorschlage) folgt die Gruppe ⲥⲱⲧⲙ sotem-f: ist das nicht eine deutliche Anspielung auf den Sotem Mesu? Ich fasse demnach die oben besprochene Stelle so: nicht ist es gut, o Mesu, dass er es höre: das Subjekt es ist den aus dem Vorhergehenden (der Haq Fürst) hat dich gebracht uns zu drücken leicht zu suppliren u. pu wie so häufig getan in diesem Papyrus, als Zeichen des Vocativs anzusehen.

Erwägt man die eben besprochene Stelle etwas genauer, so wird man unschwer darin eine versteckte Drohung sehen Fürsten zigst ein dieses sehen, als für den Schreiber thun, welcher dem Sotem Mesu nach Pap. y wirklich so meist hat.

Dort heisst es: „er klagte an den Sotem Mesu" und am Ende fügt Hui bei:

⳩ ⳩ su n sau ao-t m djet r ua-nib

„er ist auf der Hut sehr vor dem Sagen(es) zu Jedermann", nämlich was er dem Hui im Vertrauen über die Stadt Chai;rebu erzählt hatte.

Wir können den Hui von dem Verdachte, das Vertrauen des Mesu missbraucht zu haben, schon hienach nicht freisprechen. Der ehrgeizige Schreiber hat aber noch mehr gethan: er hat schriftliche Notizen des Mesu über seine Reise in Asien u. über verschiedene Missionen z. B. gerade jene über die militärische Expedition des Mohar gegen die Aolana in Rohana von diesen in Händen gehabt, um sie für das aegyptische Publikum mundgerecht zu machen. Hätte er sich darauf beschränkt, in seinem Schreiben (das ist der Papyrus) die Vorwürfe seines Auftraggebers, da hie „Ein Schreiben etc." gebührend zu widerlegen, so könnte ihn kein Tadel treffen. Allein seine Denuncirung des Mesu bei dem Litteraten Anhur geht über diese Absicht hinaus. Was er zu dem Mohar spricht ;ne dis pas; te as rendu répugnant (eigentlich „stinkend" cf Exod 7,21) mon nom au public(à; tous les hommes', so musste ihm wohl ein solcher Vorwurf u. wahrscheinlich mit Recht gemacht worden sein, dass er nämlich indiscret aus der Schule geschwätzt u. so den vertrauenden Mohar (Mesu) zornig gemacht habe.

Die Abnormität des ganzen Schriftstückes, (Pap i-u ist, wie y, sui kanbem genauss) dass der Schreiber als Leviter oder Redacteur dem Mohar die von diesen gemachte u. beschriebene Reise noch einmal, freilich nur in allgemeinen Umrissen, vorerzählt die sonderbare Mischung von Schmeichelei u. Bösigkeit in dem Auftreten des Schreibers Hui würden sich kaum begreifen lassen, wenn der Mohar (Mesu) ein aegyptischer Freund, kurz: wenn er nicht von einer fremden Rasse gewesen wäre

Zwar sein Name Mesu klingt und ist ägyptisch — muß aber dieß nicht nothwendig der Fall sein, wenn er der biblische Moses sein soll? Aus dem nämlichen Bestandtheil formirte Manetho seine A-mosis, Tuth-mosis, (in der Originaltexte Aah-mesu, Dhut-mesu) darbieten. Die LXX schrieben Μωϋσῆς, weil sie der Ansicht waren, es müße dem Urtext entsprechend, das Element des Wassers und des Herausziehens zugleich vertreten sein. Allein μω-οθεα (w)aqua servatus ist weder Koptisch, noch altägyptisch, da die umgekehrte Stellung der Wörter u. die Relationspartikel en erforderlich wäre. Der (hebräische Text hat השמ Moseh oder) Moscheh mit dem paragogischen ה am Ende, welches, wie das Visarga in Sanscrit (vergl. mein „Vollständiges Universal-Alphabet) dem End-s der griechisch-lateinischen Personalbenennungen entspricht. Da in Exod. II 10 angegebne Grund: (und sie sagte): והתימש םימה ןמ י״כ deñ aus dem Wasser hab' ich ihn herausgezogen nimt nur auf das Verbum השמ „herausziehen" Rücksicht. Die Vocalisation Moscheh würde aber strenge genommen educens sein, nicht eductus, welches vielmehr Mascheh lauten müßte. Die Araber nennen ihn Musah. Diese vielleicht als Accomodation gesetzte Wurzel maschah ist mit der aeg. mesu (Par: μας, μεε, μοςι) nicht unvereinbar; denn der Begriff des Heraus-ziehens u. des Gebärens fällt auch im semitischen Sprachstamme zusammen: barn-ile, bern, born, Kind liegen mit beran (bhara, φέρω, fero) wurzelhaft, wie maschah u. mesu mit dem häufigen ⟨hierogl.⟩ mesi, producere zusammen. Was aber war einfacher, als einen „Findling" mit dem ägyptischen Wort: „Mesu-Kind" zu bezeichnen? Lepsius (Chronol. p. 326) dachte auch schon an ⟨hierogl.⟩ u. Heath (The Exodus Papyri p. 55) an den ⟨hierogl.⟩

Allein der Name Mesu, so wichtig für unsern Zweck er auch erachtet werden muss, würde doch die Frage über die Persönlichkeit u. Geschicht-
lichkeit des biblischen Moses nicht zur Entscheidung bringen. Hiezu bedarf es noch anderer Beweismittel, zunächst für meinen obigen Satz: dass
die Söhne Mesu von nicht ägyptischer, fremder Rage also gewesen sei.

Die Führung dieses Beweises wird mir durch die ausgezeichnete Vor-
arbeit des H. Chabas ausserordentlich erleichtert. Er denkt p. 81 d. Voyage
an das Semitische מָהִיר velox celer promptus, u. vermuthet richtig eine
kriegerische Bedeutung des äg. oder vielmehr semitischen 𓅓𓄿𓉔𓂋
Mohar. Brugsch übersetzt. héros', welcher Begriff ein nicht überall passt.
Bedenkt man, dass der Eigenname Máhar-Bal (Himilconis filius Liv. XXI/12)
wahrscheinlich dem יִשְׂרָאֵל Isra-el-Kämpfer Gottes' verwandt ist, so
möchte die Übersetzung des Titels Mahar durch, Kämpe (champion) gerechtfertigt erscheinen. Der rheinpfälzische Liedel gebraucht labber (tapfer)
im Sinne von celer velox promptus - u. wenn dieses Titel tapfer, bei
den Slaven "dobry" (besonders "dobry Konjak: fierter Branntwein) allenfalls mit NOQPI 𓈖𓏏 (vergl. meinen Manetho Νεφερχέρης) welches ebenfalls kriegerische Bedeutung, tüchtig, strenuus' mein man Kopf, verwandt ist,
so haben wir keine weiteren Belege nöthig für den Satz, dass Mahar ursprünglich schnell, hurtig' u. dann der Kämpen bezeichnet habe.

Also nannte sich Mesu in seinen dem Schreiber Hui zur Redaktion über-
gebenen Nötigen selbst mit dem semitischen Titel Mohar, der nicht weniger als 15x im Pap. vorkommt. Dass er speciell ein Ebräer war, ist auch
die in meiner Einleitung schon angekündigt, von H. Chabas gebotene Stelle

[hieroglyphs] *das heisst:*

officiers, Fils de chefs, <u>Marinas</u> des (H)Ébreux (besonders sit in
einem gewissen Anzahl zu Anu - Heliopolis). Wenn also die Marinas „Edle
(maîtres, seigneurs = מר, מרא, מרן cf. Μάγων d. Priester des Apollo bei Homer)
der Ebräer (Apries) gemeint werden, so muss der (Sohn Mohar) Mesu, der
diesen Titel Marina zweimal (Pap. i XXII, i; XXVII, i) erhält, offenbar auch ein
Ebräer gewesen sein. Hiermit ist der Titel meines Buches: Moses der Ebräer
hinlänglich gerechtfertigt.

Die Form Marina ist mit dem chaldäischen מרד leicht zu vermitteln,
wenn man berücksichtigt, was oben über ד u. das daraus entspringende ר
bemerkt worden ist; auch bietet ὕλη - sylva, silva einen ähnlichen Übergang.
Was die Endung ן betrifft, die wir als Ampliation im Semitischen so häufig
treffen, so verdient auch der Stadtname [hieroglyphs], der mit dem Völkernamen
Aolana identisch ist, beigezogen zu werden. Da da diese Stadt, den Denk-
mälern zufolge, nicht weit von Megiddo gelegen war, so trage ich kein Be-
denken, einstweilen Golan vel Gaulon (d'Anville. VIII) bei Scythopolis (= Beth-
Schean) damit zu identificieren. Das G erklärt sich aus dem ע der semit.
Sprache גולן. In der That werden wir sehen, dass die Reise des Mohar von
Baitha-Scha-ahar und Tarqa-(oder) Qartha-ahar bei der Furt des Flusses
Iardana (Jordan) quer durch Samaria nach Maketha führte.

Dieser Titel Marina (Maron), der ausser den oben angegebenen Bedeutungen,
auch die von dominus, homme de combat hatte, entsprang, wie der Titel Mohar,
einer <u>kriegerischen</u> Bedeutung, wie es von ihm heisst: Trouve-t-on un Marina
supérieur à toi pour lancer la flèche? — und: j'ai frappé de stupeur les étrangers

44.

(vielleicht besser: *le public*) à ton nom de **Marina** ;je leur ai dit ton bonnes faveurs:

Ausser diesen offenbar einer <u>semitischen</u> Sprache entnommenen Titeln, die dem Sotern Mesu beigelegt werden, hatte er in seinen schriftlichen Notizen viele Semitismen gebraucht, die seinem Redactor (Horus) nicht alle verständlich gewesen zu sein scheinen, da er sich öfter über die Dunkelheit seines Stiles beklagt. Ich rede natürlich nicht von den Namen der asiatischen Städte, Flüsse, Berge, sondern von den Appellativen u. Zeitwörtern. Das sind die grossen Wörter, *les mots grands* wie H. Chabas wörtlich u. richtig p. 74 überträgt. Am Schlusse aber stehen, *expressions prétentieuses* u. übersetzt in seinen *Antiquité: nombreuses*, beides gegen den Wortlaut: 𓈖𓏏𓂝𓄤𓏤𓏤 „Dein Schriftwerk ist belastet mit grossen Wörtern". Sehen wir sie an!

1. XXV, 7 [hieroglyphs] *tonjcarqueis* — das semit. אֶשְׁפָּה „Köcher".

2. XXIII, 4 [hieroglyphs] *le fer* — „ , בַּרְזֶל „Eisen".

3. „ 7 [hieroglyphs] *das Revier*: Ich vergleiche damit die Wurzel: בּוּךְ *bukh* verwirrt sein, umher irren, nicht בַּעַץ *la vallée* (Chabas), weil weder der K-Laut, noch das a stimmt. Der heutige Name Coele-Syriens wo die fragliche Örtlichkeit indess nicht zu suchen ist — nämlich El-BKaa, könnte auch für meine Vermuthung sprechen. Man bemerke noch, dass der aegypt. Schreiber bei dem Worte barsel „Eisen (Schwert)", welches mit einem b beginnt, dieses [hieroglyph] *ba*, weil es mit dem Artikel [hieroglyph] *pe* formverwandt ist, vergessen hat. Das nächste Beispiel pe baka hat beide richtig nebeneinander.

4,5. [hieroglyphs] *kama aalu, le chameau* — נָמָל σαμαλ.

5. XXII,6 [hieroglyphs] *hufiza, se hâter, accélérer* — [Hebrew] ([hieroglyph])

letzteres bedeutet „eilen", erstes geneigt sein? φ [hieroglyphs] foss u. [hieroglyph] pix.

Es könnte übrigens auch die Wurzel ⟨hieroglyphs⟩ chur, draussen, Strasse' vergleichen werden, was den Sin agäbe; du machst einen Ausflug auf ihrem (der Stadt) Stieg etc."

6. XII 9 : ⟨hieroglyphs⟩ l'escarpement − ⟨Hebrew⟩ sentier glissant.

7. XIII ⟨hieroglyphs⟩ pe juma, la mer − ⟨Hebrew⟩ cf. ιαμ, ιαμ, ειαμ d. Meer.

8. XIII ⟨hieroglyphs⟩ garpu, reclouer − ⟨Hebrew⟩ πολάπτω (colpo, coup); wegen des Wechsels von y u. K vergl. N° 4. − Die Form ⟨hieroglyphs⟩ (Anast. I § XXIII) beweist, dass l u. p sich gegenseitig vereren mochten, also auch für Aprin. ⟨Hebrew⟩

9. XXII i, 5 (lang) ⟨hieroglyphs⟩ markabutha, lechar − ⟨Hebrew⟩ currus. Pap. XIX, y hat der Schreiber bloss markatha gesetzt − was ihm das Wort etwa zu lang (zu'):− aber XIV ⟨hieroglyphs⟩ das ägy. Wort heisst Βερεq, currus.

10. XXXI 4 ⟨hieroglyphs⟩ ooababa, un détour − ⟨Hebrew⟩ circuitus.

11. „ 5 : ⟨hieroglyphs⟩ abp atan „esclave" − ⟨Hebrew⟩ servus. Ich hege noch Zweifel gegen die Richtigkeit der Phrase: „Esclave, du chameau au) Mohar pour manger" weil das Determinativ des Dieners ⟨sign⟩ fehlt, & eher auf einen Leib deutet, und das „(au)" im Texte nicht vorhanden ist. Darum u. wegen des nicht stimmenden Sinnes denke ich vorläufig an den Stamm ⟨Hebrew⟩ velle cupere, u. übersetze: „Ist erwünscht (Partic. Präet. femin. stat. constr.) Kameel „Mohar, zu essen".

12. XIX 9 ⟨hieroglyphs⟩ Aruelna, chêne' − ⟨Hebrew⟩ quercus (Höchling)

13. XXII 9 : ⟨hieroglyphs⟩ troupe, armée − ⟨Hebrew⟩ exercitus. Das zweite -Mal, wo das Wort vorkömt: XXVII i, hat es statt ⟨sign⟩ das Zeichen für das Ausländische, das Deutbild ⟨sign⟩ um das streitende 'y zu bezeichnen. Das Determinativ ⟨signs⟩ d. Wasserbecken, sollte wohl an den Leb-Fluss erinnern, wie das nämliche Zeichen in dem Schilde ⟨cartouche⟩ Takelut Tanidurus an den Fluss Tigris (Tygret-α) u. um Degelath H. Laborstel (Kipron, 91) mit Unrecht diese zele gerechnet.

14. XXII 9: 𓂝𓃀𓈖 „guide". עֵץ legatus. Es ist der Gehülfe; denn es

steht in augenscheinlichem Parallelismus zu dem eben behandelten Worte

15. XXI 5: 𓂋𓈙𓄿𓅱 reschaau, tête, cime, somet. רֹאשׁ caput.

16. XXIII 3: 𓈙𓂝𓃀𓂋 le précipice. שְׁדוּרָה vastatio, destructio.

17. XXV 6: 𓍢𓈖𓏤 saga, un sac. שַׂק saccus, Sack, cilicium.

18. XXV 4: 𓈙𓅓𓂋𓄿 schamurui = עָרַה hirsutus, „se hérisse".

Hätten wir die Reisenotizen des Mohar (Mesu) selbst, statt des

mageren Resumé seines Schreibers (Hui), so würden wir gewiß eine viel

größere Anzahl wirklicher Semitismen – die scheinbaren d. h. auf Sprach-

verwandtschaft beruhenden habe ich weggelassen – gegenwärtig noch besitzen.

Aber die angeführten, specifisch semitischen Wortbildungen genügen, um den

Gedanken nahe zu legen, dass der Mohar ein Semite, ein Ebräer gewesen.

Diese seine Eigenschaft ergibt sich auch aus seinem Geburtsort. Zwischen den

Städten Hurina (es folgt diese unmittelbar hinter Aölath) – Azion (Gaber)

Uati-n-Sestsu (Baal-Zephon), Sasaahar, Absaqabu, Ainain einer-

seits, und Ropehu (Raphia) u. Qazatha (Gaza Kadytis) andererseits,

sind zwei Örtlichkeiten erwähnt. H. Chabas übersetzt die betreffende Stelle:

„Nekhaï (et) Rehobroth, ne les as-tu pas vues depuis ta naissance, ô Mohar!"

H. Brugsch: „Nachai vers Huburta, tu ne les as pas vues depuis ta naissance".

Ich glaube, dass die beiden Localitäten im Accusativ zu denken sind, noch

abhängig von dem vorausgehenden Satze: Kennst du nicht ihre Sitten? (Kennst

du nicht) Nachasa nebst Huburtha, (die) du nicht gesehen hattest seit deiner

Geburt, o Mohar, ausgezeichneter 𓈖𓂝𓈙𓄿 𓅓 𓎛𓃀𓂋𓏏𓄿

Für die Lösung Nachasa zeugen noch Spuren des 𓇌; dass 𓂋, wie 𓈖, nebst, zu an bedeuten kann, (wie das griech. πρός cum Dativ) beweisen viele Beispiele. Ich beschränke mich auf eines: Pap. Anastasi III, I, 2 heißt es von der Position der (hittitischen) Stadt Ramses: [hieroglyphs] . Er liegt zwischen (dem Feindlande) Zaha und Tomera (П-Τἡμερος-Delta)". Il est entre le pays de Zaha et l'Égypte" (Chabas: Mélanges III p. 151 note 3) Das Duplicat dieses interessanten Textes (Pap. Anast. III, 6, 1199.) lautet hierin ähnlich. Auch die häufige Verbindung [hieroglyphs] . ad eum: zusammen mit spricht dafür. Was ferner die Auslassung der Relativpartikel betrifft, so ist sie im Aegyptischen eben so häufig als im Englischen, wo man gleichfalls sagen könnte: (Are unknown to thee) Nachasa together with Huburtha, thou hadst not seen since thy birth."

Wo hat man nun diese beiden Örtlichkeiten zu suchen? Da der Schreiber XXVII 2 sagt: "Viens que je te dise tout ce qui t'est survenu à la clôture de la route", und XXVIII 5: "Je t'ai troqué la fin de ton livre et je te le renvoie, ainsi que tu l'as prescrit"— so ist an unmittelbare Nachbarschaft der zuletzt aufgeführten Orte nicht zu denken. Andererseits ist aber der Spielraum zwischen Aolath-Huzina und Ropehu-Gaza nicht gar gross: Nachara-Huburtha waren also auf dem Isthmus gelegen, zwischen Zaha u. Tomera, wie es von der Ramses-Weihe oben hieß. Hier kommt es mir bloss darauf an, den Semitismus dieser Namen nachzuweisen. Nachasa erinnert augenblicklich an [hieroglyphs] Schlange u. dass darnach wirklich eine Localität benannt werden könne, beweist die Stadt Nechesia zwischen Berenike u. Leukos Hormos am rothen Meere. Auf eine Lage am Wasser deutet das Deutbild —war es eine Seepartie, oder ein Gewässer mit vielen Wasservögeln? Huburtha erklärt sich ungezwungen aus Namensbildung חֶבְרוֹן Hebron, nur ist "jemin; dieses also amplificirtes masculin. ist. Beide sind von radix חבר gebildet.

* Beide haben das Deutbild des Fremd- oder Auslandes, nämlich auf hinter sich! FCF Pap. i XIX 3 etc.

48.

Wäre die ihm unmittelbar vorangehende Örtlichkeit, wie H. Chabas scharfsinnig vermuthet, obschon er Atinini schreibt, mit einem semit. צעו Quellenpaar identisch ist – wirklich bietet der Text: [Hieroglyphen] Aïnini – so würde der Wüstenpunct Berzama = באר צמא Brunnen (Born) des Durstes ist damit vergleichen lassen. Dieses zama kannten auch ägyptische Schreiber; denn Pap. Leydens I 349 III, 8 (cf. Chabas Voyage p. 113) nennt [Hieroglyphen] les champs salés d'Alep; wörtlicher: die dürstenden Felder Chalebu's.

Die Landreise des Mohar von diesem Chalebu aus – die Hinreise hatte er vermuthlich zu Schiffe zurückgelegt [Hieroglyphen] des Pap g. XVIII – über Qodesch, Tubachi, Magar [Ho]bereth, wo er bestohlen wurde; über Kapzon, Baruta, Ziduna, Sareputa, Nazana, Avatu, Zar des Hafens (Tyrus) – [Kaikna] Aksapu, Sagama, Huzar etc bis zur Furt des Jordans u. von da quer durch Samarien nach Makketa, Iupu (Jaffa), zuletzt über Hazima, Nachasa, Herburtha nach Gaza u. Raphia – wolle man in Anhange I, bei H. Chabas (Voyage) o. in meiner akadem. Abhandlung nachlesen.

Nur zwei Puncte muss ich noch besprechen, weil ihre Übersetzung von der meiner Vorgänger abweicht. Pag. XII,3: [Hieroglyphen] Da vorher gesagt ist: Je te parlerai encore de deux autres petits chapitres so müssen diese zwei kleinen Episoden auch wirklich folgen. Ich übersetze daher: Ich erzähle dir 2 andre kleine Kapitel: den Besuch von Zarau, von dem du sagen wirst; es ist brennender als Feuer und die schwere Erkrankung des Mohar (ohne [Zeichen], wie noch öfter: XXIII i,4). Die vis comparativa des [Zeichen], die durch viele Beispiele gesichert ist, darf hier nicht übersehen werden.

Pag. XXV 2-4, bei Gelegenheit des Besuchs von Jupu (Joppe) u. des galanten Abenteuers mit der schönen Joppenserin, heisst es(?): [Hieroglyphen] du machst einen Versuch (arten conatus) zum Essen; d.h. du suchst die Speise zu verschaffen.

IX. Des Mesu Stellung in Aegypten.

Ueber den Titel Sotem. Auditor; welcher dem Mesu im Pap. p. 8 x 7 beigelegt ist, habe ich oben (pp. 20, 21) ausführlich gesprochen. Daß er zu der großen Klasse der aegyptischen Schreiber oder Schriftgelehrten gehört hat, ist fast aus jeder Seite des Papri ersichtlich. Mehrmals wird der Gruppe ⟨hieroglyphs⟩ γραμματεύς - Schreibzeug mit Mann dahinter der bedeutsame Zusatz beigefügt: ⟨hieroglyphs⟩, mag man ihn nun mit „habile" (Chabas) oder mit „geübt" (⟨hieroglyphs⟩ exercere) übersetzen. Auch war dies im vorliegenden Falle kein leerer Titel; denn wir erfahren aus p. VI, daß der mit ⟨hieroglyph⟩ teh (pag. vultima) angeredete, also unser Mesu, nachgesehen hat außer ⟨hieroglyphs⟩ die sechs Schriften - u. idenhir u. reden, zwei als jedermann zugängliche, also herausgegebene, erwähnt, lin. 2 drei indess, die noch der Beurtheilung unterlagen; lin. 3 die „sechste", lin. 4 die siebente. Da nun der kritisirende Schreiber (Hui) lin. 5 von dieser letzten Arbeit nimmt, seinem Oberen, nicht eben schmeichelnd, zu erklären. Deine Sätze sind verworren (⟨hieroglyphs⟩ turbare), nicht lassen sie sich begreifen etc. so muss man schliessen, dass die sieben erwähnten Schriften von Mesu verfasst worden, aber, vermuthlich ihrer Semitismen wegen, für die ungeübten hergekommen ⟨hieroglyphs⟩ sein unverständlich geblieben waren. Überhaupt hat ein Mann, von dem es wiederholt (II, II 5) heisst: er ist ein Meister in der göttlichen Sprache (der Hieroglyphen), ein Schreiber in jeder Beziehung, dem Nichts unbekannt ist "kein gewöhnlicher Scriba gewesen sein - war ja doch thätiger Lehrer auf

dem Stuhle [cathèdre] der Wissenschaften: Er war aber noch mehr nämlich ein selbständiger _Forscher_ u. _Denker_, welcher es wagte, mit den über-
lieferten Formeln der heiligen Texte neue, ihm eigenthümliche Begriffe zu
verbinden. Wir verdanken die Erschliessung auch dieser reichhaltigen Quelle
dem Scharfsinne des H. Chabas, der aus den arg zerstörten Gruppen (XI p.)
𓂻𓏤𓈖𓏏𓅱 erkannte, dass jener ganze Abschnitt von dem
cap. 64 des Todtenbuches handelt. Dieses besagt wirklich in dem Epiloge:
Gefunden ward dieses Kapitel in Sesennu (Hermopolis magna) auf einer
Platte von Alabaster, blau geschrieben, unter den Füssen dieses Gottes (thoth)
gefunden 𓏤𓊪𓅓𓏏𓈖𓀭 ⟨ ⟩ :
zur Zeit des Königs von Ober- u. Unterägypten Men Kera, der gerechtfertigten,
gegeben dem Königssohne Hartatof.° Es wäre nun sicherlich interessant,
eine stichhaltige Übersetzung dieses Kapitels, mit Analyse aller Gruppen,
wieder einmal eines competenten Aegyptologen zu besitzen. H. Vic. de Rougé
hat im Jahre 1864 (Semon-Cours) eine ƒraduction flüchtig vorgelesen, nachdem es seinen 4 Jahre früher (1860) in seinen "Études sur le Rituel funéraire"
die Überschriften, u. so auch die der cap. 64, übersetzt hatte. Es stehet ihm
zufolge 𓏏 oder 𓏏 𓏤𓈖𓏏𓅱𓊪 Chapitres de la manifestation
au jour, en un seul chapitre.° Birch (Account p. 10): "the book of the coming
forth the day, in a single ⟨oder one⟩ chapter". Lepsius (Aelteste Texte p. 6-8)
erklärt sich mit Recht gegen diese u. ähnliche Auffassungen, auch gegen die
des H. Chabas: "Chapitre du sortir comme le jour" – ob aber seine eigne: "Kapitel
vom Hervorgehen am Tage (der Tage d. i. der Auferstehung) die Probe be-
stehen wird, muss die philologische Analyse des Textes einstens lehren. In

meiner handschriftlichen Übersetzung des ganzen Todtenbuches, deren
ægyptischen Titel Ἀπόρης ich nach Horapollo schon in meinem "Panthᵉᵒ"
erwähnt habe, steht seit geraumer Zeit als Überschrift des cap. 64: Buch von
dem Herverkommen an einem Tage d. h. von der dereinstigen Auferstehung,
in einem Kapitel". Da der Titel des ganzen Todtenbuches (Harmbres), deren
der Schluss der Zusatz-Capitel (163 - 165) kurz als 𓂀𓏏𓅆 Pir-em-hru-Buch
wiederholt ist, mit der Überschrift des cap. 64 identisch ist, so begreift man, wie
ein ægyptischer Forscher, wie der Schriftgelehrte Mesu dem Schreiber Hui
gerade über dieses Kapitel so erstaunliche Aufschlüsse ertheilen machte.
Der Epilog (col. 30) desselben lautet: Es ist das Kennen dieser Kapitel durch-
breitend (rechtfertigend) seine (des Verstorbenen) Rede auf Erden (in der göttlichen Unterwelt: er nimmt an alle Gestalten der Lebenden. Es sind Gedanken der grossen Gottes".

Vermuthlich hat der eigenthümliche Sotem Mesu, welcher durch ihn das
er das Aelath, durch das Verzehren von Fischen, durch auffallende Be-
merkungen über Chalebu u. die Göttin von Kapuna (Byblos) dem
orthodoxen Schreiber Hui Scrupel u. Aergerniss bereitet hatte, auch
in der Auffassung des cap. 64 u. "des grossen Gottes" schon damals einen
eigenen Weg eingeschlagen, wie aus den theils bewundernden, theils tadeln-
den Worten des Schreibers (XI, 4 - 6): Du entsetzest mich als Schriftgelehrter
mehr den Himmel, den Erde, die Unterwelt. Dein Wissen ist ein Gebirg an Gewässer
an Massen, eine geheime Bibliothek, undurchsichtig; sein Göttersystem verborgen, fernerliegend als erhellt. Man sieht hieraus, dass auch 𓇳𓏏𓏏𓅆
die Göttergesammtheit sein" bei dem Mesu eine eigenthümliche gewesen ist.

Mit den schon besprochenen Titeln Mohar und Marina, denen eine kriegerische Bedeutung zukam, ist sehr nahe verwandt der öfters wiederkehrende Titel: 𓂋𓏤𓏥 oder 𓈖𓇋𓏤𓏥𓏥 „Befehlshaber der Truppen". Als solcher unternahm unser Held jene Expedition gegen die aufrührerischen Aolana in Rohana, wobei er nicht weniger als 5000 Mann unter sich hatte. Es verdient jedenfalls Beachtung, dass er auch nach der jüdischen Sage (Syncellus I 227) einen Feldzug nach Aethiopien's Hauptstadt Saba unternahm, welche er dadurch leichter eroberte, dass Θαρβῆ, die Tochter des damaligen Aethiopenkönigs, sich in den schönen Heerführer verliebte u. ihm die Festung überlieferte. Es wird wohl die nämliche Aἰθιόπισσα gewesen sein, welche (nach Numer. XII 1) die Eifersucht des Aaron u. der Mirjam erregte. Die Ausleger verstehen darunter gewöhnlich Ziporah aus Madian; allein es ist doch sehr unwahrscheinlich, dass man Madian jemals zu Kusch, u. verstände man darunter auch das östlich vom rothen Meere gelegene, gerechnet hat. In Medinet-Abu ist neben demgestellten „Grossen (König) des elenden Landes Kusch" der eben so angeblasst „König von Tarawa" abgebildet, wobei jener Name Θαρβῆ stammen könnt.

Der Mohar Mesu hatte aber auch nach Asien, vor seiner Reise, einen Streifzug unternommen an der Spitze eines Söldnerheeres; dort heisst XIX „Bist du nicht gezogen wider die Schasu 𓈎𓂝𓅱𓈖𓀀 habend die Miethlings-Soldaten 𓂋𓏤𓈖𓏤𓏥𓏥: Die Schasu aber 𓈖 porterer, Nomady wohnten (Brugsch Geogr. I No 319) von der Grenzveste Djalu an bis nach Kanana: 𓊪𓈖𓏤 . Ich stimme Herrn Chabas bei (Voyage p 14. 113,) wenn er dieses Kanana auf eine Festung nördlich oder nordöstlich von Pelusium beziehht (vielleicht also)

* Brugsch: Geogr. II Taf. VII., fig 17.

nicht aber auf das südliche Land כנען. Allein ich erinnere an das griechische Städtchen Δδδος in Thessalien, welches allmälig der Gesamtname für das südlich gelegene Griechenland geworden ist. So mag auch die nördliche Festung Kanana, da der Name dem כנע offenbar deutlich ist, sich mit der Zeit nach Süden u. auf ein ganzes Land erstreckt haben.

Die leider arg verstümmelte Stelle des Pap. i (XXIII 1) welche H. Chabas (Voyage p. 278) .conducteur des Arvunas, chef des Djabou (explorateur) des dernières limites du pays de Pa...', aber in seiner Réponse (p. 92) mit: ...chef des Tsalamau, explorateur des limites les plus reculées du pays de PaKa[iKna] übersetzt, lässt eine andere Auffassung zu, nämlich: (Mapu, auserwählter Schreiber, der kennet seine Hand), Verfolger ⲡⲏⲧ (pusequi) der Aolana, Chef der Heerschaaren (zabau), der du aufspürest die äussersten Punkte der Erde, du ..... Kanani! Letzteres würde dem כנעני Kananiter buchstäblich entsprechen, u., wo man nicht auf die Abstammung aus-, so doch auf die Reise des Mohar in oder bis Kanaan sich beziehen können.

Eine interessante Episode bietet pag. XXIII 5–8. Ich gebe sie mit den Worten des H. Chabas: .Tu te fais un nom de Mohar, maître des capitaines de l'Égypte. Ton nom devient comme celui de Kadjarti, le chef d'Assur, après sa rencontre avec les hyènes dans le bois, sur le défilé qu'infestaient les Shasous cachés sous les arbres. Ils y en avait de quatre coudées du nez au talon; farouches, elles n'ont pas de douceur, elles n'écoutent pas les caresses! Es wagt sich kaum noch, an den lieblichen Nimrod, den gewaltigen Jäger vor dem Herrn, zu erinnern, u. wirklich bietet selbst die Namensform ..... Qazardî, der Grosse (König) von Asur, einige Analogie mit Nimrod (cf נמרד moten).

Es übrigt noch, von dem Titel Mesu, den der Moher (Mesu) dreimal (S. ..., XVIII, 1; XXVIII, 1) unter der dualen Form ... erhält, einiges Nähere zu erfahren. Wie ich aber bei Gelegenheit des Zahlwortes für 30 (maab) bereits bemerkt habe, ist uns aus Diodor (I, 75) bekannt, dass 3 × 10 = 30 Richter aus Heliopolis, Thebä u. Memphis als Areopag zur Aburtheilung der Verbrecher gewählt wurden. Wie nun der Moher (Mesu) den Titel „Dreissiger" oder Mesu führt, so musste er in einer von diesen drei Städten wohnhaft sein. Hier neigt sich die Praesumption sogleich nach der heiligen Anu (... Ἡλιούπολις), weil wir es mit ... ein (p. 10) in der verbesserten Lesart „Rameses κατ' Ἀν als Centralpunkte hieher einschlägiger Oertlichkeiten getroffen haben. Aber es fehlt uns nicht an einem directen Zeugnisse. In der näheren Schilderung der Freunde u. Günstlinge des Mohar könnt der heutige Schreiber (Z. 1–7) auf einen hohen Würdenträger in der Staat: ... Anu zu sprechen „Klein, war er ein Kater, gross, ist er ein Bock – er befindet sich wohl in seinem Hause: du wärst ja wohnhaft bei ihm, ... seiend der weiland in der Anstalt der Schriften: Also in Heliopolis hatte Mesu gewohnt, daher sein Titel Mesu – auf der berühmten Hochschule: dass die wichtige Notiz des Manetho (Joseph. c. Ap. I, 26) οἱ δὲ (Λέπρᾳ συγκεχυμένων) ..... ἡγεμόνα ἑαυτῶν λεγόμενός τινα τῶν Ἡλιουπολιτῶν ἱερέων Ὀσάρσυφον ἐποιήσαντο ..... λέγει δὲ ὅτι τὴν πολιτείαν καὶ τοὺς νόμους αὐτοῖς καταβαλόμενος ἱερεύς, Ἡλιουπολίτης τὸ γένος, ὄνομα Ὀσαρσὺφ ..... μετέθη τοὔνομα καὶ προσηγορεύθη Μωϋσῆς. Vergleichen wir auch noch den Mesu Marina Mesu, den Helden, dessen Thaten das Publicum ... das egyptische Nomion: Hadjarti, mit den Worten der Schrift (Exod. II, 3): Fuitque Moyses vir magnus valde in terra Aegypti coram servis Pharaonis et omni populo.

X. Der Phönix des Sesostris.

Ich habe bisher die chronologische Frage auf die Seite gelassen. Jetzt, wo wir die Titel u. Thaten des Mesu, dessen Name ebenfalls mit dem des biblischen Moses harmonirt du Rühe nach aufgeführt haben, muss die Zeit, in die ich ihn setze, den eigentlichen Prüfstein fürven gegen die fürzlig Zeit meiner Ansichts bilden.

Glücklicherweise kann ich auf bereits zeigter Grundlage fortbauen. Chabas hat (p. 25 d. Voyage) das Datum des Pap. mit trifligen Gründen mit dem im Jahre 581 mit den Cheta geschlossenen Verbrage Ramses II gesetzt, u. in Betreff der Altersstufe des Mohar (p. 32) die scharfsinnige Beobachtung gemacht, dass: „le Mohar avait atteint une vieillesse avancée, lorsque ti scribe lui écrivit cette composition, c'est ce qu'on peut inférer de la phrase suivante Pl. i II, 1: dans laquelle 𓉘𓊨𓈖𓅓𓏏𓆓𓏤𓏛 ⸺ 𓏤𓂋𓏤 𓋴𓄿 𓂝𓆑𓈖𓏤 la vieillesse du Mohar est comparée à celle du roi." Da der Mohar unmittelbar vorher „Cienu 𓂝𓃭𓊪𓅱𓄿𓈖𓏥 (𓈖𓏏𓊪) peitschen – Kutscher) Seiner Majestät Begleiter des Herrn LHK, schaffend das Glück des Grossfürsten, genauer Arbeiter der Anstalt 𓉐𓏤𓏏𓏥 genennt ist, so hat das Perso. huni-tu die Bedeutung „obgleich getroffen vom Greisenalter wie er, ad similitudinem ejus, veilbis Perso).

Ramses II (Sesostris) war, noch sehr jung, zur Regierung gekommen. Es giebt Denkmäler in Nubien, wo er noch die Jugendlocke trägt, das Nämliche liesst sich aus der langen Dauer seiner Herrschaft schliessen, da er momentanal wol sein 67tes Regierungsjahr darlibt, was mit den 56 Jch. 2 Monat. bei Manetho vollkommen übereinstimt. Wir wissen jetzt aus Anhur's Tagebuch (Papyrus 9),

daß die Reise des Mohar Ruog vor oder in das 52ᵗᵉ Jahr des Sesostris gefallen ist. Rechnet man nun die noch restirenden 13 Jahre dieses Königs,
dann die 19½ oder 20 Jahre seines Sohnes u. Nachfolgers Menephtah, unter
welchem der Exodus der Kinder Israëls statt gefunden hat, also 35 Jahre
von dem Alter des Moses zur Zeit des Auszuges, nämlich 80 Jahren, zurück,
so würde sich für den Mohar (Moses) des Pap. i. ein Alter von 45 Jahren
ergeben. Alsdann wäre seine Geburt (zu Nachara) in das 7ᵗᵉ Regierungsjahr des Ramses-Sesostris gefallen, eine Annahme, die allen Bedingungen
aufs Beste entspricht. Denn damals war gerade der junge König von seinem
siegreichen Feldzuge gegen die asiatische Confoederation zurückgekehrt; zu seinem jugendlichen Übermuthe würde die anbefohlene Maassregel, das Wachsthum
der Ebräer durch Ertränkung der männlichen) Kinder zu hemmen, so ziemlich passen.

Dazu kommt der Bericht des Manetho über den Exodus der Aussätzigen.
Ich will, da ich mich mit dem Exodus selbst nicht zu befassen habe, daraus nur
den einen, aber wichtigern Punct hervorheben, dass der Pharao des Auszuges bei
ihm Ἀμένωφις (der Αμένωφις d. Μενόφθα) u. sein Sohn Σέθος heisst;
beide Namen aber können nur auf der Grenzscheide der XVIIᵗᵉᵉⁿ Dyn. vor,
u. ihr unmittelbarer Vorgänger ist Ραμεσσῆς Μιαμοῦν d. h. Sesostris.
Es trifft also mein Ansatz des Jesu-Moses unter diesem Sesostris, mit den
Angaben des nationalen Geschichtschreibers der Aegypter zusammen. Auf die lange
Dauer der Regierung des Ramses-Sesostris passt auch ganz vortrefflich die Stelle Exod.
II 23): Post multum autem temporis mortuus est Rex Aegypti".
Vielleicht hat uns eine günstige Fügung wieder auf den nach verschiedenen Seiten
des Papyr. y, eine genauere Zahlengabe; nämlich ich meine den Phoenix des Sesostris.

Tacitus (Anal. VI 28) meldet über den Phoenix, den Repräsentanten oder die Einkleidung einer Zeitperiode, in Kürze Folgendes: . . . . "De numero annorum varia traduntur: maxime vulgatum quingentorum annorum spatium. Sunt qui adseverent, mille quadringentos sexaginta unum interjici. Prioresque alites Sesostride primum, post Amaside dominantibus, dein Ptolemaeo, qui ex Macedonibus tertius regnavit, in civitatem, cui Heliopolis nomen, advolavisse . . . . . . inter Ptolemaeum et Tiberium minus D: Ducenti quinquaginta anni fuerunt". Ich habe bereits in meinem Zodiaque de Dendérah, weil der rechtwinklige Thierkreis gerade auf den 17ten November des Jahres XXII (fä der doppelten griechischen Beischrift) der Regierung des Tiberius datirt ist, wo Paullus Fabius u. Lucius Vitellius Consuln waren, die Lesart, ducenti in D: Ducenti verbessert, denn in der That, rechnet man vom Jahre 1 des Tiberius = 14 nach Christus, 250 Jahre zurück, so gelangt man in die Regierung des Ptolemaeus Euergetes I (248–224) u. zwar in 236, welches Datum dem in dem Decrete von Kanopus (oder der Tanitica – cf Lepsius hierüber) für die Einführung des fixen Jahres von 365 1/4 Tagen, nämlich A. 239 = IX des Ptol., recht gar ferne liegt. Veranlassung zu dieser Neuerung im Kalenderwesen gab, wie der Text lin. 36/37 ausdrücklich bezeugt, das Zusammentreffen des Sothis-Aufganges mit dem ersten Payni des Wandeljahres: τῇ ἡμέρᾳ, ἐν ᾗ ἐπιτέλλει τὸ ἄστρον τὸ τῆς Ἴσιος, ἣ νομίζεται διὰ τῶν ἱερῶν γραμμάτων νέον ἔτος εἶναι, ἄγεται δὲ νῦν ἐν τῷ ἐνάτῳ ἔτει νουμηνίᾳ τοῦ Παῦνι μηνός. Ich kann mich hier mit der genauen Abrechnung – dort ergiebt sich eine Abweichung um eine ganze Tetraëteris, so dass man 243, nicht 239 the annehmen sollte. nicht befassen: genug, dass die Reform durch den Einschnitt des I. Payni reserbirt war.

Diese durch das Decret von Kanopus erhärtete Thatsache war auch ver-
muthlich der Grund, weshalb Tacitus berichtete, dass Einige die Periode von
1461 Wandeljahren d.i. die Sothisperiode, mit der des Phoenix verwechselten.
Darum das zweideutige tertius (in Macedonibus); denn wirklich steht beim
Syncellus (p. 519): Αἰγύπτου τρίτος ἐβασίλευσε Πτολεμαῖος ὁ Εὐεργέτης ἐπεὶ
Aber strenge genommen war der dritte Macedonier, welcher über Aegypten herrschte,
da die nur nominellen Regierungen des Philippus Arrhidaeus u. des jungen
Alexander (II) nicht mitzählten, Ptolemaeus Philadelphus. Da jener Tacitus
eine 500 jährige Dauer der Phoenix-Periode meldet, was richtig ist, wenn man
nur eine der drei Jahreszeiten berücksichtigt, u. diese wieder in zwei Hälften
zu je 250 Jahren zerlegt, so ahnt man leicht, dass der Theil derselben,
welcher bei der Katastrophe des Amasis II, 525 vor Chr., also 250 Jahre vor
275 (Ptolemaeus Philadelphus) begonnen hatte, im J. 25 die unter Augustus
zu Ende ging. Daher schreibt sich auch die (übrigens nur scheinbare) Diver-
genz der römischen Pontifices (Lepsius, Koenigsbuch, letzte Textseite zu oberst)
welche, in Jahre 30 am 1sten Thoth in Rom irrig den 29. statt des 31. August
zählten, was später berichtigt wurde. Da die Kalendarische Bewegung des I.
Thoth des Wandeljahres in Bezug auf das fixe Jahr eine rückwärtsschreitende ist,
so wird die Wahl des 29ten statt des 31ten August zur Epoche ihren guten Grund, warum nicht allenfalls in der zu Ende gehenden Phoenixperiode? gehabt haben.

Es versteht sich von selbst, dass wir von Amasis II nicht 500, sondern 2 x
500 oder 1000 Jahre zurückrechnen müssen, um zu dem Phoenix des Sesostris
zu gelangen. Demnach würde die betreffende Epoche in das Jahr 1525 v. Chr.
führen u. einem Kalendarischen Einschnitte in das Wandeljahr entsprechen.

Ich habe schon öfter auf eine wichtige Stelle über den *Phoenix* hingewiesen, welche sich in der Übersetzung des *Hermapion* – auf Befehl eines römischen Kaisers nach einem heliopolitanischen Obelisken gefertigt – u. auch im Originale, sogar in duplo, noch verfindet. Im στίχος πρῶτος (er geht von rechts nach links) folgt nach den Titeln ὁ῾ Ἥλιος προσαγορεύει – 🔲 ... und ὁ῾ Ἄμμων ἐρατὴ = ⬛ oder ⫿ der Satz: πληρώσας τὸν νεὼν τοῦ Φοίνικος ἀρετῶν. Man vergleiche hiemit die nach *Ungarelli* (obelisci *Urbis*) gegebenen Legenden des

Flaminius: (sie beginnt mit dem Schlusse eines Schildes)   Sallustianus:

u. man wird die Überzeugung gewinnen, dass Hermapion ziemlich getreu übersetzt hat; nur muss man die schlechte Zeichnung der römischen Ausgabe, so wie den Umstand, dass ich mich nicht an Ort u. Stelle, besonders über den in dem Hause befindlichen Vogel, orientieren könne, nicht mit zu Rath ziehen. Der Hieroglyphentext dieser Stelle ist ganz unzweideutig: 𓉐𓉔𓃘𓅡𓈖𓎟 — 𓅆𓏏 lend das Haus des (Bennu) mit seinen Gebühren(?) war dem griechischen Texte wörtlich entspricht. Wir brauchen also nicht mit H. *Lepsius* (Chronologie der alten Aegypter p. 185 Anmerkung) auszurufen: Leider findet sich hier (auf dem Flaminischen Obelisk) die Stelle von dem Heiligthum des Phoenix nicht wieder: Dass die Obelisken im Allgemeinen dem Sonnengotte u. der vorliegende speciell dem *Ra* in der Stadt Anu geweiht war, habe ich in meinem academischen Aufsatze Obelisken u. Pyramiden (1866) näher ausgeführt. Ausser der Herkunft des Denkmales selbst, sprechen dafür auch noch die Stellen:

ʒγλαοποιήσας Ἥλιον πόλιν — καὶ ἐπώνομασεν Ἥλιον πόλιν (oder Ἡλιούπολιν),

welche ebenfalls auf dem Kel. Flaminius getroffen werden. Vielleicht führt daher

auch der Titel ⟨hierogl.⟩, den Ramses-Sesostris z. B. in den zwei kalligraphischen

Namensprotocollen (Leyd. I. 343, V, Sallier II 21 Verso) bisweilen führt. Sein Sohn u. Thron-

folger: Ba-en-ra Menephtah, scheint in Anu geboren zu sein. Den Pap. Anast. III. 7. 3

unmittelbar hinter der oben (Seite 2) citirten Legende: „Du bist das Heer (ʒaba) des Sie-

ges, die Waffe, welche tödtet die Apiru" folgt: „den Speer ⟨hierogl.⟩ in der Hand

stürzt er ⟨hierogl.⟩ von dem Orte seiner Geburt in Anu".

Für die Gleichung Bennu - Φοῖνιξ liefert schon das Todtenbuch allein

Belege genug. In cap. XVII 9/10 heisst es: ⟨hierogl.⟩

⟨hierogl.⟩, Ich bin jener (bekannte) grosse Bennu (Vogel), welcher in Anu sich befindet.

cap. 125, 11/12: Ich bin rein (quater!); meine Reinheit ist die Reinheit jenes

grossen Bennu, welcher in Chen-su .... an jenem Tage der Ausgleichung des

Uʒat-Auges in Anu am letzten Mechir, vor dem Herrn der Welt; ich sah die

Ausgleichung des Uʒat-Auges in Anu". Im cap. 140 wird diese offenbar ka-

lendarische Bedeutung des Bennu wo möglich noch deutlicher insinuirt;

denn man sieht in der Vignette den Osirianer N. N. in Anbetung vor einem

Schakale mit ⟨hierogl.⟩ auf einem pylonartigen Untersatze, dahinter einen knieen-

den Mann mit erhobenen Armen u. dem Uʒat-Auge ⟨hierogl.⟩ auf dem Kopfe.

Zuletzt sitzt ein ⟨hierogl.⟩ d. i. der Sonengott ⟨hierogl.⟩, der auch gleich in der ersten

Columne des Textes zum Erscheinen ⟨hierogl.⟩ aufgefordert wird. Auch an den Schakal

wird diese Bitte gerichtet ⟨hierogl.⟩ und von der Uʒat-Persönlichkeit heisst es:

⟨hierogl.⟩ Chu leuchtet am Himmel". Es muss also irgend

ein Stern damit gemeint sein — welcher? lehrt die nächste Legende: ⟨hierogl.⟩.

Denn diese Locallität von Anu: Hu't ben ben, Haus der beiden Pyramidiä ist häufig nur eine Variante für: Hu't Bennu (cf. obel Flamin) Haus des Phoenix. Es nun dem Text des Todtenbuches c. 140 col. 2 gesagt: Die Hu't ben ben ist in Freude, so muss man dabei an den νεώς τοῦ Ποίνικος denken. Der Text fährt fort: ihr Bewohner sind aufgerichtet wie sie (die beiden Pyramidia); ein Schrei des Jubels ist im Innern der Cella; Lobgesang circulirt im Glorianlocale; Erdküssung (Huldigung) kömt aus dem Munde des Tum-Harmachi. Es befiehlt Seine Majestät der Gesamheit der Götter, den Begleitern S. M. ..... Es ist die 𓂀 𓁹 Chu't sein sich niederlassend auf ihrem Sitze auf S. M. in der 4ten Stunde der Nacht. Er ist glücklich die Welt am letzten Mechir 𓃀𓎼𓂧); es steht die Majestät der Uzat Auges vor der Gesamtheit der Götter; es leuchtet S. M. wie das erste Mal; es ist ein Uzat auf seinem Haupte. (Es folgt ein Verzeichniss von 24 Gottheiten.)

Die Überschrift des Capitels lautet: 𓊹𓀀𓍱𓏏 𓃀𓎼𓂧, Buch der Caerimonien am letzten Mechir, wo sich erfüllt das Uza-t (Auge) am letzten Mechir. Im Epiloge (col. 8) wird dann weiter gesagt, dass dieses Uza-t berechnet (𓏏𓎡𓃀 herab 𓅱𓏏 computavit) wurde, dass es sich erfüllte u. vereinigte (Conjunction): Es sind jene (24) Gottheiten in Freude an diesem Tage, sie erhalten ihre Gebühren. Soda gefeiert wird ein Fest 𓃀 den Göttern all indem sie sprechen: Ruf der Triumphes dem Sonnengotte, welchen besiegen die Begleiter des dort gehängt ist Apophes (die Riesenschlange)! Ruf des Triumphes dem Sonnengott, dem Schaffer der Schöpfung, dem Schöpfer! Ruf des Triumphes dem Sonnengott, Freude ist bei ihm, welcher vertilget die Gegner sein! Ruf des Triumphes dem Sonnengott, welcher vertilgt die Häupter der Söhne des Abfalles! Preis des Triumphes dem N. N. !

Hierauf folgt eine Bemerkung' über 2 Uza-t-Augen, da eine von Berg ten äpir

u. vergoldet, vor welchem ein Opfer dargebracht werden soll: [Hieroglyphen]

[Hieroglyphen], wann der Sonnengott darbietet sich (aufgeht) am letzten Mechir" —

das andere von Chenem (Rothquarz) als Amulet für den N.N. Zuletzt werden

je vier Brandopfer für den Sonnengott u. den Urat-Gott, so wie für die 24 Gott-

heiten vorgeschrieben.

Wie auch in diesem ganzen Texte der Name oder die Gestalt des Bennu (Vogels)

nicht erscheint, so ist er dennoch unter jenem Bilde des Mannes mit [Glyphe] auf dem

Haupte zu verstehen. Ähnlich bietet cap. 83 die Überschrift: [Hieroglyphen]

„Kapitel von der Verwandlung in einen Bennu" u. die Vignette wiederholt Bild [Glyphe]

ohne daß im Texte selbst das Thier oder der Vogel Bennu vorkäme. Es werden aber

für bestimmte Zwecke mystische Namen dafür gesetzt, wie oben cap. 140 Chu oder

Uart. Den unter dem Bilde dieses Vogels Bennu (auch Benu-Poinif-Venus-

ranneau?) begriffen die Aegypter den Planeten Venus; wie Brugsch (tablettes

démotiques) zuerst erkannt u. meine Entdeckung am Sarkophage des Heter (Zeit.

d. DMG 1862 bestätigt hat. Demgemäss nennt ihn das Todtenbuch cap. 13,1: Benu,

[Hieroglyphen] den göttlichen Morgenstern, demotisch: [Hieroglyphen]. Auch in dem wegen

der Formeln des Ringes Harbataf u. des Mesu so wichtigen cap. 64 erscheint der Benu,

u. zwar col. 15/16 in der Phrase: [Hieroglyphen] Anu gibt Kund der Bennu

(u. die Dinge der Tuat-Wohnung) ,wozu zugleich ein Wortspiel mit seinem Namen pe nter

tiaut, der göttl. Morgenstern' liegt — u. col. 2/22 in der Verbindung: [Hieroglyphen]

[Hieroglyphen], auf dem Rücken des Benu des Zugvogels, (Yzyyot)

welchem Horus zuwendet sein Auge (die Sonne)". Cap. 77, 3 ist die Rede von einem Feldspe-

lep mit dem Kopfe eines Bennu [Hieroglyphen] dessen Stime zu hören

der Sonnengott eintritt. Cap. 100,1 bezieht sich auf den Bennu als Symbol des Osiris.

Aus dieser steten Verbindung des Bennu-Phoenix mit dem Ra (Hlioger.
gibt sich mit zwingender Nothwendigkeit der Schluss, dass der Durchgang des
Planeten Venus vor der Sonne oder sein wechselnder Stand in Bezug auf dieses Centralgestirn durch jene kalendarische Feier in Anu dargestellt werden sollte.
Das Datum des 30ten oder letzten Mechir wird sich auf sein erstmaliges Einkehren
𓀙 𓏐 𓊖 𓉐 beziehen u. dem Sesostride (régnante) primum advolavisse"
entsprechen. In der That finde ich im Papyrus y, unter dem Datum des letzten
Mechir, trotz aller Verstümmelung der Legende, die deutliche Erwähnung einer absonder-
lichen Jahresform. Voraus, III.31, geht das Datum des 29ten Mechir, woraus ja noch 6
Zeilen folgen. Daran schliesst sich IV.4 eine Rubrik, die wir mit Hülfe des Papyrus
I.351 col. 1 unbedenklich ergänzen dürfen zu: 𓏟𓂋𓏤𓆓𓋹 letzter Mechir.
Die zunächst folgenden Zeichen wage ich nicht zu deuten; aber deutlich liegt der Satz:

𓀙𓂧𓊹𓏏𓎛𓉐𓏤𓂋𓏤𓈖𓏏𓉐𓏤

der heisst:

.Der Mur-par (Haus-Intendant) Königssohn (Prinz) Cha-m-oas zog aus als Oberer
.der göttlichen Diener, um zu erflehen Glück für den König Ramerru Hag-Anu.
Anfang des Jahres der Zurückweichung! Sein Gehülfen bei dieser religiösen Feier
waren bejein Adenu, genant 𓏏𓂧𓏤𓋴 "der Kleine" erzeugt nach Pap.Legd.I.351, 8 unter
dem Datum des I ten Phamenoth') 2, ein Hāt-zai, er heisst als 𓆑𓂓𓋴 uten (Spendel).
3, ein Mur-ta-hori, genañt Mena, als Sprecher; 4, ein Iri-n-tera ... Nechtu,
als Baq (f. Todt. I.9). Darauf folgt die Sendung eines NN. mit einem Briefe nach Memphis.
Von lin. 11-17 erscheint wieder die regelmässige Eintrag der Reichnisse in das Tagebuch.
noch einmal vom letzten Mechir datirt, zum Beweise, dass die in lin. 4-10 erwähnte
Function des Prinzen Chamoas u. seiner Gehülfen etwas Anderes, Wichtigeres bedeutete.

Die Veranstaltung u. Leitung der Feier des ☐☐☐☐☐ Anfanges des Jahres der Zurückweichung" war also dem Prinzen Chamoas gerade so übertragen worden, wie der Apisdienst (Brugsch Recueil Tab. III) u. die Abhaltung der Panegyrien (vgl. Pap. y III 5 unter dem 26ᵗᵉⁿ Mechir) in den Jahren 37-45 des Ramses II (Brugsch Matériaux). Nach einer Notiz des H. Mariette, der das Serapeum entdeckt hat (Renseignements sur les 64 Apis) wäre Chamoas im 55ᵗᵉⁿ Jahre der Regierung seines Vaters (Ramses II) gestorben. Man sieht, wie gut dies mit seiner Funktion ähnlicher Schlüsse im J. 52 harmonirt.

Also beim Einschnitte einer noch dem Vogel Benu, Phoenix, nach der Verschiebung im Kalender. Zurückweichung" genannten Jahresform in die Mitte des Wandeljahres, wo, wie ich in meinem Zodiaques gezeigt habe, auch der Schalt-Tag eingesetzt wurde, feierte man (vermutlich zu Ana) ein Fest dieser Conjunction. Nach 250 Jahren war die Zurückweichung" auf den letzten Choiakh, nach 500 Jahren auf den letzten Phaophi u. s. w. gefallen, wobei die 5 Epagomenen, wie in der astronom. Darstellung d. Sothesis, unberücksichtigt bleiben mochten. Nun aber haben wir oben das Sporterjahr 1525 als den Anfang der Phoenixperiode gefunden. Rechnet man für Jahresmitte A. 32 des Sesostris 14½ J bis zum Schlusse seiner Regierung, so gelangt man bis 1510/09; dazu die 19½ Jahre seines Sohnes u. Nachfolgers Mencptah, deren Katastrophe mit dem Exodus zusammen trifft, genommen, erhält man 1491/90 vor Christus als das Datum des Exodus. Hiezu stelle man die (von Chabas Mélanges III p. 108) dem tabl. chronol. der Vulgata entlehnten Stellen:

Ante Chr. 1510 : Ramses Miamun moritur; ei succedit Filius Amenophis.

, 1491 : Moses videt rubum ardentem et ad liberandum populum mittitur. Mensis Abib...die 15, Israelitae ad DC millia Ramesse proficiscuntur. Ebenso bemerkt zu Exodus II, vex novus der Benedictiner Erhard (1749) Ramesses-Miamun A. M 2437-2494 =1510 vor Chr) u zu Exod. XII.17 :, A.M 1512, Period. Jul. 3223, Ante Chr. 1491.

XI. Grosshaus u. Binsenkörblein.

In meiner Abhandlung über Sechenchons (N° 8) habe ich den Titel **Pharao** aus Horapollo (I, 61) erklärt, wo gesagt ist τὸν βασιλέα κοσμοκράτορα σημαίνοντες καὶ κριτήν, αὐτὸν τὸν ὅλον ζωγραφοῦσιν, ἐν εἰσὶ δὲ αὐτοῦ, οἶκον αἰνισσόμενοι, εὐλόγως· ὁ γὰρ βασιλέως οἶκος πᾶς αὐτοῦ = ἐν τῷ κόσμῳ. Die Stellung des Agens hinter dem Substantiv eines οἶκος, stimmt sofort an das ägyptische 𓉐 oder 𓉐 (Lepsius Koenigsbuch N° 420, a, b) Par-aa. domus magna. Hast mancher die beiden Zeichen aus graphischen Rücksichten versetzte u. bisweilen die Orte des Grundplanes verdoppelt, war ganz im Geiste der aeg. Schreiber, sogar in hieratischer Schrift. So z. B. heisst es im Pap. Leyden I, 348, VII, 7 von einem Adiou (Officier) namens Netim, er sei mit seinen Soldaten nach Pa-Ptah (= templi gegangen, führend die 𓂀𓏤𓎛𓎛�g Statue des Par-aa mit Leben Heil Kraft. Leb den Zusatz (den ich LHK abkürzig) fasse ich als Wunsch u. da die drei Ausdrücke zusammen in der Rosettana (Im 38) durch ὑγίειαν übersetzt sind, so ziehe ich eine Stelle Diodor's (I, 70) hieher, wo er sagt: den Ober-priester habe am Altare vor dem Volke laut gebetet ζοῦσαι τῷ τε ὑγίειαν καὶ ἄλλα ἀγαθά. ἳ πάντα τῷ βασιλεῖ. Gerade so folg'im der Rosettana, auf ὑγίεια καὶ εὐλ. ἀγαθά πάντα.

Man bemerke besonders den Umstand, dass oben sowohl in der hieroglyphischen Legende (420, b, als in der hieratischen, hinter der Gruppe Par-aa das Symbild eines Königs folgt: zum Beweise, dass in solchem Falle nicht der Palast, sondern die Person des Königs gemeint war. Natürlich auch bei der Königin Laken so heisst sich der Name Pagid welchen (Symmachus 6, 23) die Hebräerin die Moses nein θυγατέρς führte Papia wie Ausdruck Φαραῶ, τοῦ αὐτὰ σου; wir πάρεις καὶ ἕτερος δὲ καὶ λοιποὶ αὐτοῖς. Aus die

Ob gleich sie der jüdischen Tradition nicht die Tochter des Ramses II Sesostris dieser ist der Pharao gewesen sein Kann, sondern seine Schwester u. Gemahlin was die so häufigen Geschwister-Ehen in Aegypten bis auf Kleopatra hinweisen liegt, ergiebt sich aus dem jugendlichen Alter desselben zur Zeit seines grausamen Befehles, die männlichen Kinder der Ebräer zu ertränken. Vielleicht war er damals noch nichteinmal verheirathet u. daraus würde sich begreifen lassen, warum die Bibel nur von der בַּת־פַּרְעֹה bath-Pareoh, Tochter des Pharao spricht von eine solche was sie in der That, weil ihr Vater der Pharao Sethosis I gewesen. Ich kann daher jenen Aegyptologen, welche in der Lieblingstochter Ramses'II, nämlich ⟨hieroglyphs⟩ Bath-Anta, die Retterin des Moses erblicken. Diesen Namo deutet wörtlich, Tochter der Anath בַּת־עֲנָת jener kriegerischen Göttin, welche mit dem ⟨hieroglyphs⟩ Bal (בַּעַל), dem Reschoph (of sup p. 29 רֶשֶׁף), der Astartha ⟨hieroglyphs⟩ als schon damals in das aeg. Pantheon aufgenommen war. Wie Reschoph, der mit Blitz schlagende, so ist Anath, die bedrückende, bändigende (עֲנָת). Bekanntlich gab es auch in Palästina ein Beth-Anath. Hier wollte man hauptsächlich den Umstand berücksichtigen, dass ein semitischer Frauenname also in die pharaonische Familie eingedrungen war; das nächste Capitel wird uns ein zweites Beispiel, wieder mit Schildeinrahmung: Thuan, an die Hand geben.

Wie hiess den nun aber die Retterin des Moses eigentlich? Die Tradition sagt Bjorthia. Dies ist ein beständiger Titel der Göttin Isis: ⟨hieroglyphs⟩ Aset nter-muth-Aset, die göttliche Mutter (des Horus) vergl. meinen Dokonchons Nº 3 u. man begreift dann die Prinzessin, welche das „Kind" (Mesu) adoptirte, diesen obvoden Beinamen mit Recht erhalten mochte, um so eher, wenn ihr Eigenname Isis (Aset) gewesen ist. In an Thal weist die arabische Tradition (Sycoche: specimen hist. Arab. p. 185 not.) neben den perfectae mulieres: Mirjam, Fatemah, Chadijah, auch Asiah, unserem Pharaons.

, nicht verpflichten,

Den Denkmälern zufolge hiess die erste Gattin Ramses' II Aset nefert, die
gütige Isis: Hieraus ergibt sich daraus, dass sein ältester Prinz: Cha-m-oas, von dem ich
eben gehandelt habe, ausdrücklich [Hieroglyphen] Königs-
Sohn (Prinz) der Ra-vesur-ma-sotep-n-ra (Vorname Ramses II) geboren von der Königl.
Hauptfrau Aset-nefert genannt wird (Lepsius Königsbuch N° 429,c). Mit Tilg-
rung des Zusatzes nefert, der durch den Beinamen Θήμουωις genügend ersetzt
wurde, erhalten wir jene Asiah, uxorem Pharaonis, wobei das h gerade so para-
gepixt ist, wie in Pharaoh, Moseh u. vielleicht Iehovah.
Der Pharao ist offenbar auch gemeint mit der Schlussgruppe des Papyr. i. Herr
Chabas (Voyage p. 309) bemerkt, obwohl er die Möglichkeit betont, dass in der Art
die statt des Artikels [Hieroglyphe] allenfalls [Hieroglyphe] le scribe gestellt haben könne ; nous de-
vons nous borner à supposer que Ouah (ou Sar-ouah) était un personnage im-
portant, dont le scribe redoutait la faveur, et qu'il espérait se concilier en
faisant recommander par le Mohar. Da nun aber dieser Mohar (Moses) selbst
ein so hervorragender Mann, ein vir magnus valde in terra Aegypti, coram servis
Pharaonis et omni populo (Exod. XI,3) gewesen, so kann derjenige, bei welchem er
sich für den Schreiber (Hui) verwenden sollte, kein gewöhnlicher Schreiber, sondern es muss die höchste Instanz gewesen sein, nämlich der Pharao selbst.
Wir wissen aus der Autobiographie des Bokenchons in der Münchner Glyptothek,
dass der König in eigner Person die höheren Ämter z. B. das erste Prophetenthum des
Amon, zu vergeben pflegte, denn er sagt wörtlich: Er erkannte mich an auf Grund meines Verdienstes: er setzte mich ein zum ersten Theoduten des Amon. Ich bin deshalb
überzeugt, dass die Schlussworte des Pap. i. [Hieroglyphen], der Sar-
Oaroh eine Benennung des Pharao Sesostris darstellten, die eine Anspielung enthält.

Der Titel Sar ... , auch den ... Mann ... entspricht ... ständig dem שר Oberster, Befehlshaber, Fürst. Exod. II,14 ... eine von den zwei streitenden Ebräern dem ... ein ... war hat gesetzt dich zum ... chen שר Sar und Suffeten (d.h. principem et judicem) über uns? ... aber dieser Titel Sar, wie H.Chabas an dem nom. prop. compos. Sar-Amon gezeigt hat, auch Bestandtheil eines Namens werden, u. dan würden wir als Complement einen Götternamen zu erwarten haben. Ein solcher ist aber ... nicht; freilich auch ... ist bisher nirgends erschienen. Aber es erinnert doch an etwas Bekanntes, nämlich Ὡάννης, wie nach Berosus der fischleibige, zweiköpfige, am Schwanze mit zwei menschlichen Beinen versehene Unhold genannt wurde, der ἐκ τῆς ἐρυθρᾶς θαλάσσης aufgetaucht war. Obschon es ihn ζῶον ἄφρενον nennt, so berichtet er doch, dass er habe unter Tages mit den Menschen verkehrt u. sie ... gelehrt.

Nähmen wir einen Augenblick an, diese ... Oannes sei nur ... sagenhaft Einkleidung einer geschichtlichen Wanderung der Cultur über das rothe Meer - ähnlich stellten ja auch die rothhäutigen Indianer 1849 (Steinthal, Die Entstehung der Schrift) die weissen Europäer, die mit ihren Schiessgewehren über die See kommen, unter dem Bilde eines feuerspeienden Schwanes, auf ihren Birkenrinnen vor - so würde die Oannes der Verkehr auf dem rothen Meer ... Sesostris baute (Herodot. II 102) zuerst eine Flotte für die ἐρυθρὰ θάλασσα, vermuthlich, nachdem er den Kanal vom Nile bis zum arabischen Golfe hatte graben lassen. Hierbei würde sein Titel oder Kiname Sar-Oank u.klärlich (cf Brugsch Geogr. I,55 N°240). Das rothe Meer (cf. meine Schrift, Homer u. Aegypten p 9/10) ursprünglich der Seich oder das Becken von Punt genannt, heisst bei den Kopten Piom ... mari, Schilfmeer, bei den Ebräern ... u. Gesenius bemerkt ... Schilf, insbesondere d. Nilschilf Sari.

Das führt mich auf den Namen Ὀσαρσίφ, oder nach einer Var. des cod Hafn. Ὀσάρσηφον neben dem Ὀσάρσιφον der Ausgaben Ὀσαρσύφ, welchen Manethos nach Manetho gehabt hat. Auch den Worten des Textes ἀπὸ τοῦ Ὀσίρεως θεοῦ Ὀσίρεως, dachte sich der Schreiber dieser Worte den Namen als 𓁹𓂝𓄿𓈖 Osirskind: Allein diese Verbindung kommt nicht vor. Außerdem zeigt die Schreibung Μωϋσῆς dann die Doppelbenennung des Prinzen: Σέθωσις Ῥαμεσσῆς ἀπὸ Ῥαμψῆς τοῦ πατρός, dass wir hier nicht den ursprünglichen Manetho, sondern eine verschlechterte Überarbeitung eines Werkes vor uns haben: Manetho habe gesagt, dass Moses von seiner Aussetzung im Schilfe den Namen Ὀσαρσύφ gehabt.

Das oben besprochene סוף suph giebt uns den Schlüssel zur Erklärung des -σύφ; was Ὀσαρ heißt? — so erinnere ich an den Wechsel von r u. l im Aegyptischen, der auch im Semitischen vorkeimt, עשר עצל ; עצל — עצץ Sam. Kohn: Samarit. Stud. p. 96) u. an den arabischen Artikel א an den ich schon im Manetho bei Königsbildern mit 𓉠 beginnenden Hyksos Namen Archles Aseth, Apophis, natürlich als praepositiven, gedacht habe. Übrigens ist es nicht nötig, auch den gewöhnlichen ebräischen Artikel הא anzuhängen, um dann Ὀσαρσύφ zu bekommen. Doch der Umstand, dass 𓉠 zugleich, als Interjection, dem Kopt. ⲱ ⲟ! entspricht, bestimmt mich zu ersterer Ansicht. Ferner bedeutet סף canistrum (vergl. den Traum des Bäckers Genes. XL,16) u. bildet ein Wortspiel — wenn man die chaldaisirende Form סף sich vorstellt, mit dem oben behandelten שׂר von gleicher Aussprache. Der Sar-Oank möchte also an der Sar-suph einen weiblichen zu dem Schilfgewässer in Beziehung stehen. Vergleicht man das deutsche Wort Schilf mit dem verwandten scirp-us, so ist eine Ähnlichkeit Großhaus u. Binsenkörblein geschaffen.

Auch der Name der Schwester des Moses: Mir-jam, erinnert an das Meer.

Dies kann nicht befremden, wenn man bedenkt, dass das Sbstwort des Moses, nämlich Nachasa, das Lautbild des Nassers neben sich hat 𓏤𓂝𓀁 ≈≈≈ pe-juma ist םָי; ob der erste Bestandtheil קַפ stella bedeutet, was an dem Titel ⚊ Stern der beiden Länder unter der Hyksos einen Halt gewänne — oder ob קֹם maltre seigneur (f. supra Marina p. 34) zu Grunde liegt, bleibe dahingestellt.

Der um drei Jahre ältere Aharon אַהֲרֹן hängt jedenfalls mit 𓃀𓈖𓏏𓏤 zusammen, welches H. Chabas (Voyage p. 27, 203) passend mit רֹחֲא hinten verglichen; es würde also der durch das ampliative וֹן gebildete Name „Hintermann" bedeuten. Zu den schon zahlreichen Ortsbenennungen, die jenes aar (mit dem rückwärts schreitenden Beine) praeficiren, citire ich noch aus Pap. Anast. VIII, I, 7 𓇋𓍿𓃭𓈖𓉐 und aus Pagina II der Histor. Inschr. von Dümichen, col. 7 die folgende: 𓇋𓄿𓇳𓈗, ahir, welche ich (Z. DMG 1867) mit לֶהֹא „Zelt" identificirt habe. Nach dieser zweiten Auffassung wäre dann Aharon „der Zeltbewohner" — nicht ungeeignet.

Der Name seines Enkels סָחְנִיפּ kommt um die Zeit des Exodus öfter vor unter der Form 𓉻𓏏𓈖 oder 𓉻𓏤𓈖 Pe-nehasi, der Neger (nicht Pagemsi — s. Rosellini); steher in der XIII. oder XIV Dyn. bei Pap. reg. Taurin. col. 🔲erscheint ein König 𓉐𓈖𓄿𓋴𓈖.

Den Namen seiner Frau: הָרֹפִּצ Zipporah, habe ich mit 𓊪𓂋𓊪𓃀 Zapur, Vater des 𓃀𓃭𓈖 Bal... verglichen; wirklich erscheinen beide Namen zugleich (jene stehen Anast. II 5 Zeile lin 10) im Pap. Sallier IV Verso I, 6 als Götterbezeichnungen 𓃀𓃭𓇋𓏤 𓊪𓂋𓊪 Bali-Zapur.

Sein Stammvater hiess יִוֵל Levi; es ist das aegyptische 𓃭𓏤𓀀 (s. Anhang I p. 204). Den Namen seines Vaters םָרְמַע Amram vergleiche ich mit 𓂝𓏤𓂋𓏤 u. 𓂝𓂋𓏤 (s. Athhierm Ep. Io 3). Endlich der Name seiner Mutter דֶבֶכוֹי Iochebed, enthält דֹבָכ Ehre, Ruhm u. als ersten Bestandtheil jenes alten הָוְ, ָי, welches wir in Jehovah wieder treffen.

XII Iehovah - Elohim.

Wie nannte sich aber Derjenige mit dessen Hülfe das Binsenhörblein schliesslich über das Grosshaus den herrlichsten Sieg davontrug? Exod. III. 14 steht: Und es sprach Elohim zu Moseh: Ich bin, der ich bin - u. er sprach: so wirst du sprechen zu den Söhnen Israël's: Ich-bin hat mich gesendet zu euch. Dem Pharao gegenüber, welcher fragt: wer ist Iehovah, auf dessen Stimme ich hören soll? (Exod. 5, 2, 3) antworten Moses und Aaron: der Gott (elohei) der Ebräer etc. Wir haben dennoch, wie es auch allgemein geschieht, in den Formen אֶהְיֶה und יְהֹוָה zwei Ableitungen aus הָיָה seit zu erkennen welche offenbar mit den Pronominalstämmen אֲנִי ani (ego) u. הוּא hua (ille) anlauten. Dass sich das ו des letzteren leicht in י verwandelt, wissen wir längst. Demgemäss beginnt die tert. pers. femin. futur. sing. mit תִ (תִהְיֶה) weil dies ת das weibliche Geschlecht hier als Praefix, sonst als Suffix bezeichnet. Ganz derselbe Vorgang findet sich im Aegyptischen: die Hieroglyphen bieten bei den weiblichen Zeitlauten ein finales ⊐-t, th, welches man als art. postposit. angesehen hat, während das Koptische т, ⊙, dem Worte als artic. praeposit. voranstellt. In ein Verbalformen geschieht das Nämliche ⊸ (ſ, ϫ, ϧ, ϯ, ⲭ, Ϥ) folgt dem Stamme, ϧ dagegen steht ihm voran. Ausserdem bedenke man, dass ה he welches in den entlehnten Alphabeten überall nur vocalisch auftritt: E, nachdem es selbst aus dem aegypt. ⲙ entstanden war, nicht wesentlich consonantisch gefasst werden darf. So ausgerüstet, können wir eine merkwürdige Inschrift verstehen, welche über mehrere wichtige Puncte einiges Licht verbreiten wird.

Auf einem Hochzeits-Scarabaeus Amenhotep's III (Mâ-ur-ut-el Rosellini. von d. XIV. Zahl.

[hieroglyphic cartouche line]

[hieroglyphic line]

Thei die lebende, der Name ihres Vaters: Iuaa, der Name ihrer Mutter Dhuad; Frau ist sie des siegreichen Königs, dessen Südgrenze bis Kari, dessen Nordgrenze bis Naharina (reicht).

Man sieht dass der Name Dhuaa ... das ... Loch ... den Namen hinter sich hat, weil ... das ... des Herkunftsorts ... Zustand von ..., das weibliche Geschlecht anzeigt.

... Name wie der andere, u. zwar mit Schildeinrahmung, bei der Gemahlin Sethosis'I.

[cartouche] die als Mutter Ramses'II auf die Türe (cartouche) u. (cartouche) auf welche (Lepsius Denkmäler 417, 423). Die beiden Namen Iuaa u. Thuaa verhalten sich zu einander wie אַ und אַ, wie ... und ... (deeda), d. h. sie sind semitischen Charakters. Dadurch erklärt sich die Thatsache, dass seit Horus, dem Sohne u. Nachfolger des Amenophis III Mâ-ur-ur, die Gesichtszüge der pharaonischen Könige, besonders aber die von Ramses II. Sesostris, so auffallend semitisches Gepräge tragen.

II. Vie de Rougé ... diese Thatsache nicht, sondern war, suchte sie durch Abstammung von den Hyksôs zu erklären. Eine Stele von Tanis nämlich welche ein hoher Beamter Ramses'II, Namens Seti gestiftet hat, enthält Folgendes für:

[hieroglyphic line with cartouches]

400 Mesori Tag 4 des Königs v. Ob u. Und.leg Sohn des Ra, der ihn liebt Nubti.

Letzterer Hauptname ist identisch mit dem der Stadt Nubti, welche die Griechen mit Ombos angegeben vermöge der gleichlautenden Wurzel nach Aristoteles ... nahezu "... laufenden" Lautes. In meinem Manetho (p 281/252) habe ich diesen Hyksôs König Set-aa-pehuti Nubti dem Στράτων ''Αππις-Σέθος gleichgesetzt, dessen Name ... nicht ... Turiner ... N° 112,3 noch vorfinden. Die ... des Jahres 400, bis ich, dass einzige

Beispiel, ist vom Denkmalstifter (Seti vermuthlich an diesen König angeknüpft,
weil sein Name zweimal das Element Set, d.h. jenen semitischen Gott, den Vater
des Bal darstellt, der in dem Texte ☰ Vater seiner Väter heisst (cf. Chabas in der Zsch)
Sie einmal refert an die Prophezeiung der 400 jährigen Knechtschaft des Völker Israel
Scito praenoscens quod peregrinum futurum sit semen tuum in terra non sua, et sub-
jicient eos servituti et affligent quadringentis annis", so wie Exod. XII,40: Habitatio
autem filiorum Israël, qua manserunt in Aegypto fuit quadringentorum triginta annorum"
Zu in der That, rechnet man von der Regierung des Sel-aa-pehuti Nubti: 400 Jahre
weiter, so gelät man in die Regierungszeit von Ramses II.

Zugleich hat uns der Pap. Sallier I einen werthvollen Wink über die religiösen Kämpfe
jenes grauen Alterthums aufbewahrt. Vom Hyksoskönig Apopi heisst es pag I, lin. 1,2:

Siehe der König Apopi LHK erwählte sich (den Gott) Sutech zum Herrn; nicht
war er Diener irgend eines Gottes, welcher in dem ganzen Lande ist, mit Ausnahme d. Sutech.
Die Lücke des Gottes habe ich ergänzt nach II,1, wo sein Rgerkönig

Ra-Segenen (Soïnouvis des Eratosthenes) mit ihm durch einen Boten verhandelt wegen

der Nichteinwilligung zu dienen irgend einem Gotte, welcher in dem ganzen Lande, ausser Auser ..aösit;
Man sieht hieraus deutlich, dass damals dem ausschliesslichen Sutechculte gegenüber
Amon-Ra König der Götter gleichsam monotheistisch auffällt, wie es auch der Fall ist
in dem Gedichte des Pentaur über die Grossthat des Sestris gegen die Cheta, welche er
mit Hülfe des angerufenen Amon vollbringt – wie es im Psalme des Anher haben wohl;
u. wie Ochenschene dem Amon welcher den Sündigen erhört ... eifrig dient.

Diesem _Amen-Ra_ (letzterer Erdantheil scheint erst seit dem Sonnendienste aufspaltend Chuenaten, Amenophis), vielleicht als Compromiss mit seinen Anhängern entgegengekommen zu sein) sowie dem _Bel-Sutech_ stellte Moses seinen Gott _Iehovah_ _Elohim_ entgegen. Ich brauche nicht länger bei dem ersten Namen zu verweilen: er war in der Form _Iuaa_, vor und vielleicht nicht zur Bezeichnung Gottes, schon vor Moses vorhanden. Nun das fehlende ⊓ stossig macht, den verweise ich auf die Legende [𓏏𓊪𓈖𓃂𓇯] welche einer Stadt Iehudah-ha-malek יְהוּדָה הַמֶּלֶךְ Glanz des Königs eignete. Der Eroberer heisst [𓈖𓈖𓈖] oder [𓈖𓈖𓈖△] Scherschönq. Σέσογχις. ΡΨΨ (sogar palaeographisch einem hieratischen 𓇋𓈖𓈖 nachgebildet), welcher nach Regg. I, 14,5 im 5ten J. d. K. Rohabeam gen Jerusalem u. andere jüdische Städte zog. Es stehlen an der Spitze der XXII. Dyn. u. vor ihm bis zum Exodus sind 7 + 12 + 6 = 25 Könige. Nimmt man als Durchschnittzahl 20-21 J., wie sie in den Königen Judas geschichtlich ist, so erhält man ca. 500 J., die mit den 480 zwischen Tempelbau u. Exodus (Regg. II, 11.1) harmoniren.

Etwas weiter rückwärts, als _Iuaa_ - Iehovah (Jova, Jovi, Ζεύς-ζωγπ-jogπ) den die Griechen unter den Formen ΙΕΥΩ (Theodoret) u. Ιαώ (oracul. Apoll. Clar. Diodor I,59) kennen, lässt sich das Stammwort von _Elohim_, nämlich _EL_ אֵל der Starke (Ell..) Gott verfolgen. Auf der grossen Völker- u. Städte-Liste Thutmosis III. (f. De Rougé. Étude sur diese monumentick) erscheinen als N° 38, 37, 60 folgende drei Städtenamen: 1, [𓈖𓏏𓃂] Masch-El, vielleicht מָשֵׁאֵל in der Tribus Asser, also wörtlich ein Compositum von מָשָׁא Geschenk אֵל Gottes. Man beachte die Wahl der Hand mit Zeb. △! 2, [𓇋𓏏𓃂] Iuschpu-El - אֵל ... Seder Dei. 3, [𓅓𓃂] Har-El אֵל ... mons Dei. Mit der verweisenden Endung ה u. vielleicht im Sinne einer Intensivität, entstand daraus אֱלֹהַּ oder אֱלוֹהַּ Eloah, sowie der Pluralis majestaticus אֱלֹהִים der pro die aegypt. Plurall alde. mit dem Verb in Singular construirt wird. Die Araber sagen _Allah_.

* Meine Entdeckung der gutturalen Liquida (Universal-Alpha bet) erklärt das mannigfaltige Wechseln...

XIII. Rückblick u. Schluss.

Ein wesentliches Symptom der Richtigkeit meiner bisherigen Aufzeigung des Moses aus aegyptischen Urkunden dürfte schon darin gefunden werden, dass ich keines der bereits von Andern erreichten Resultate in Frage zu stellen genöthigt war. Meine Hypothese, wenn man anders eine streng diplomatische u. philologische Beweisführung noch so nennen darf, steht in voller Übereinstimmung mit Manetho, der den Auszug der Aussätzigen (τῶν μιαρῶν oder λέπρᾳ συγκεχυμένων) mit demselben Königstrifolium Ramesses-Amenophis-Sethos zusammenbringt, welches uns die Denkmäler als: Ramesses II. Meri-n-Ptah-Sutechi kennen gelehrt haben. Dabei bemerkt er noch Amenophis habe ein θεῶν θεατής werden wollen ὥσπερ Ὧρος, εἷς τῶν πρὸ αὐτοῦ βεβασιλευκότων. Einen Menschenkönig Horus gab es aber nur einmal, nämlich in der XVIII. Dynastie, einige Generationen vor Meri-n-Ptah. Die Götterschau desselben bezog sich vermuthlich auf seinen religiösen Streit mit dem Sonnendiscus fanatiker Chuenaten, u. ist vielleicht auf einer bezüglichen Darstellung (Brugsch Recueil XXIX) noch erhalten. Dem Könige wird daselbst von der Priesterschaft geheuchelt u. geschmeichelt, unter andern mit der Phrase 𓈖𓊹𓂀𓇳𓏏 𓈖𓂀𓇳 οὗ κἀγὼ ὄψομαι ἵνα u. s. w. und aus sehr vielen andern Stellen auch 𓉻𓈖𓍿 (n)sahnan - λέγδεν u. s. w. erwähnte es Galen. u. Athenae. XV: Αἰγυπτίῳ ψάγδανι τοῖς Ἀλεξανδρ...

Man wird ferner den beliebten Zufall nicht in dem Ausstande erblicken wollen, dass die Lebenszeit des Mesu (s. Moses) mit der Blüthe des aegyptischen Reiches zusammentraf. Denn nur unter dieser Voraussetzung ist das Wort des hl. Stephanus:

Et eruditus est Moyses omni sapientia Aegyptiorum, et erat potens in verbis et operibus suis (Act. VII, 22) seine volle Bedeutung. Der Pap. i gibt uns an mehreren Stellen das fast wörtliche Prototyp dazu. Im Eingange (I, 7) steht

[Hieroglyphen] Alles Hervorkommende aus meinem Mund, häuft v. Herrlich wie Homer von Nestor ähnlich sagt — u. XVIII, 2 [Hieroglyphen] Keines Tapferkeit ragt über die meinen Glieder."

Die beständigen Kriege Ramses II, zu deren bombastischem Relief auf den öffentlichen Denkmälern die drastische Schilderung des Elends der Offiziere u. Soldaten in den Papp. Anastasi II, V, 5; u. III, IX, 5 die nothwendige Ergänzung bildet, macht denken denselben Wunsch nahe legen, wie dem Kalligraphen Amenchau (Pap. Sallier [...]) [Hieroglyphen], es rastet mit Vergunst des Pharao der Soldat!"

Aber zugleich waren diese Feldzüge ins Ausland eine Anregung, nicht bloss der Reiselust — die nach hergestelltem Frieden z. B. mit den _Cheta_ Ano XXI das Reisen unter fremden Völkern erst ermöglichte — sondern auch für die Schreiber zu allerlei varischen Compositionen, wie das Gedicht des _Pentaur_ u. wie die Notizen des _Mohar_ sie darstellen. In der That war zu keiner Zeit der ägyptischen Textliche die litterarische Productivität grösser, u. wenn einst der so vielen Jahrhunderten natürlicher u. absichtlicher Zerstörung entronnene Theil ägyptischer Denkmäler u. Urkunden vollständig gesammelt vorliegen wird, so dürfte die einzige Regierungszeit Ramses'II einen grösseren Reichthum an Texten u. Inschriften darbieten, als alle antiken Staaten, ausserhalb Aegyptens, zusammengenommen.

Dass die beiden Papp. i und y, auf welche ich meine Schlüsse basirt habe, als Urkunden zwei tantum genuin nicht etwa Copieen aus späterer Zeit, sondern contemporan mit Moses u. insofern vollgültige Zeugen sind, brauche ich zur angedeuteten

Jetzt erhalten auch einzelne Züge der jüdischen Tradition z.B. der Disput des Moses mit Ἰάννης u. Μαμβρῆς (ad Timoth. II 3,8 cf. Exod. VII 11,22) ihre gehörige Illustration, weil wir aus dem Papp. i und y wissen, dass das Sotem Meta lange vor dem Exodus bereits in litterarischen u. religiösen Differenzen mit Hui u. Anher sich befunden hatte. Der Name Ἰάννης könnte recht leicht sein Prototyp finden in einem der vielen 𓂋𓏺𓏺𓂋 (Brugsch Recueil XXXII 2. wo ein 𓊪𓏏 Schreiber so heisst) gefunden werden; der Leiter der Vorlesungen im Hause der Schriftrollen des göttlichen Gottes (Pharao) im Münchner Antiquarium (cf. mein Catalogue raisonné p.²/₄₂) welcher sich ⸺𓏺𓅱𓏏 Ana der wiederauflebende weil, könnte auch hieher gehören. Was den Μαμβρῆς betrifft, so scheint dieser Name aus 𓂋 die Gabe u. 𓇳𓏺 des Sonnengottes grade so entstanden zu sein, wie der synonyme ⸻𓂧𓏏𓇳𓏺 Pu-ti-ph-ra-Πετεφρῆς, beide Ἡλιόδωρος oder Ἡλιόδωρος bedeutend (cf. mit zu Manetho p. 152/153: Μά(μ(β)ρῆς =Ἡλιόδωρος (Eratosthenes).

Selbst einzelne Eigenschaften des Moses empfangen jetzt ein erwünschtes Licht. Wie in Exod. II,2 von der Mutter des Kindes gesagt wird: videns eum elegantem (טוב tob, taib) so ist dies eine lakonische aber genügende Bezeichnung. Ausführlicher war die Tradition (Syncell. 227) ὅτι οὕτω (τὸ ἐξ ἀρχῆς μὲν διὰ τὴν ἀστειότητα κατοπτευόντες θνατὸν τοιοῦτον κάλλος ἐξαρίσαι .... τοσαύτην γὰρ αὐτῷ μαρτυροῦσιν αἵ τε θείαι γραφαὶ αἵ τε λοιπαὶ ἱστορίαι καὶ πρὸς τῆς νεότητος τὴν ἐμφυέστητα, ὡς πάντες ὁρῶντες αὐτὸν ἐπιλαν θάνεσθαι καὶ κατεχηρεύεσθαι τὸ ἐν χερσὶ σπουδαζόμενον. Die Schönheit des Moses beschreibt unser Papyrus mit den Worten 𓄤𓄤𓄤𓊪𓏤 𓇳𓈖𓈖𓈖 "er ist wohlgefällig zu betrachten; seine Schönheit (wie die Blumen, unter den Publicum) ein solches Prädicat bei einem Manne ist mir bis jetzt in den Texten nicht wieder aufgestossen

Gegen das schöne Geschlecht freilich verstanden auch die Aegyptier galant zu sein;
so heisst es z. B. auf einer Stele des Louvre in Bezug auf eine Prinzessin der XII.
Dynastie: sie ist eine Palme der Liebe; ihr Haar ist schwärzer als die Nacht.

Einen scheinbaren Widerspruch mit Numer. XII,3: Erat enim Moyses
vir mitissimus super omnes homines, qui morabantur in terrà enthält
die Stelle des Papyrus i XXIII, 1: J'ai frappé de stupeur les étrangers (le public)
à ton nom de Marina; je leur ai dit ton humeur farouche de ... In der Analyse
selbst (p. 296) bemerkt H. Chabas zu dem Wort 𓂧𓏏𓏤 - SWNT, ZWNT,
ira, furor, c'est un qualificatif des animaux féroces p. e. lion, lionne.....
il se dit aussi de la colère de l'homme: Horapollo sagt über den κυνοκέφαλος
I,16, dass er unter andern ὀργή bedeute. Wirklich erscheint dieser Affe in auf-
rechter u. aufgeregter Haltung, als Denkbild hinter der Gruppe 𓂝𓏤 statt 𓂝
des schlagenden Mannes. Auch anderwärts im Pap. i wird der Mohar als zornig
oder jähzornig geschildert. Allein dieses Epitheton trifft doch sicher bei einem Manne zu der den Aegyptier (Chanethoth Χανεθώθης bei Euseb. aus Artapanus im
ächt aegyptischen Namen) erschlug, obgleich er persönlich nicht angegriffen war:
Percussum Aegyptium abscondit sabulo (Exod. II,12). Später freilich hatte sich sein sonst so leicht aufwallendes Gemüth abgekühlt, so dass er die Vorwürfe der Mirjam u. des Aaron wegen der Aethiopissa (Zippora) ruhig er-
hören konnte, u. des Herrn »Allergetreuester« genannt wurde.
Ich erwarte ähnlichen Gleichmuth der Leser bei der Stelle des Pap. i, wo ein ga-
lantes Abenteuer des Moses mit einer schönen Opponentin erzählt wird........
Ils m'ont placée pour garder les vignes; ma vigne, qui était à moi, je ne l'ai pas gardée (Cantic I,6)
Den Mord kritisiren u. sich hieran stossen, hiesse Mücken seien u. Elephanten schlucken.

Seines Vaters (Amram) gedenkt der Text XXVIII. 1/2 mit den Worten: "Je suis apte pour tous les travaux; j'ai été instruit par mon père qui avait éprouvé son jugement des millions de fois. Je sais tenir les reines et de plus je suis habile pour l'action". Wenn sein Vater (u. seine Mutter) nach dem Wortlaut der hl. Schrift (Exod. II, 1) aus dem Hause Levi abstammte, so kann ein solcher Unterricht nicht befremden, da die Leviten, wie der weitere Verlauf zeigt, die eigentlichen Schriftgelehrten der Ebräer waren. Darauf scheint der malitiöse Schreiber, da wo er das satirische Gemälde der Freunde des Moses entwirft, anzuspielen, indem er an erster Stelle einen 𓍹𓏭 Schreiber" 𓂀𓏤 Levi vorführt.

Welche Bewandniss es habe mit den sogenannten Moses-Hörnchen, darüber sind bekanntlich die Ausleger nicht einig. Der Text sagt (Exod. XXXIV, 29, 30, 35): "Cumque descenderet Moyses de monte Sinai, tenebat duas tabulas testimonii, et ignorabat quod cornuta (radians) esset facies sua ex consortio Domini" — Videntes autem Aaron et filii Israël cornutam Moysi faciem, timuerunt prope accedere — Qui videbant faciem egredientis Moysi esse cornutam, sed operiebat ille rursus faciem suam, quando loquebatur ad eos". Der ebräische Ausdruck קָרַן עוֹר bedeutet eigentlich "haut-hörnig", nicht "radios emittens", wie man aus Verwechslung von עוֹר cutis, pellis, mit אוֹר lux, lumen, gemeint hat. Sollte vielleicht in dieser sonderbaren Bezeichnung eine Anspielung enthalten sein auf den Sotem (Auditor, Hörer), wie der Mesu im Pap. γ genannt wird? Die Gruppe 𓂋𓄔𓏛, durch das aufgerichtete ταῦρον ὠτίον (Horapollo 547); das phonetische Complement 𓄔m u. das Tautbild eines die Hand zum Munde (oder zum Ohr?) führenden Mannes ausgedrückt, könnte auch zu Deutungen führen, wo (cf. Horap. Lig. 60) die Ohren besonders hoch aufgerichtet erschienen.

Seitdem verhindert uns eine Undeutlichkeit des Textes II,3 die Beziehung des Moses zum Pharao Ramses-Sesostris genau u. vollständig zu definiren. Es steht nämlich ⟨Hieroglyphen⟩ was eben sowohl atef ager-pāter sapiens, als son-f ager oder chen-f ager, sein weiser Bruder oder, ein weiser Begleiter bedeuten könnte. In dem, da unmittelbar vorausgeht ⟨Hieroglyphen⟩ Berathat (Βουλευτής Decret v. Kanopus) seines Meisters, u. sofort der Titel: ⟨Hieroglyphen⟩ Βασιλικογραμματεύς, sowie: ⟨Hieroglyphen⟩ Comandant des Heeres folgt, so ist kein Zweifel, dass auch jener fragliche Titel den Moses als einen Mann von der nächsten Umgebung des Königs bezeichnen sollte.

Übrigens ist diese Thesis durch den ganzen Inhalt des Pap. i bestätigt. Ein Mann, dem der König so wie der Kronprinz so wichtige Aufträge ertheilten, wie die Expeditionen nach Rohana u. gegen die Schasu, die Aufstellung von Statuen u. Obelisken; ein Mann, dessen Gunst u. Verwendung von Andern gesucht wird, konnte keine gewöhnliche Persönlichkeit sein: er musste, so zu sagen, zum Hause des Pharao gehören. Als Richter, Schriftsteller, Heerführer, als Forscher über religiöse Dinge in eigenthümlicher Weise, so dass er die Denunciation des Hui rege macht — hatte er sich passend vorbereitet zu dem grossen Berufe: Befreier, Gesetzgeber u. Seher (Verfasser des Todtenbuch?) — kurz, der grösste Mann seines Volkes zu werden. Seine Reise nach Syrien, Phoenicien, Palaestina, Sinai-Halbinsel, ist als Einleitung und Vorbereitung jenes weltgeschichtlichen Zuges anzusehen, den die Menschheit als _Exodus_ bezeichnet.

Papyrus Anastasi I.

I. 1. *Auserwählter Schreiber, weites Herz*, beredten Mundes, an dessen Gedanken man sich erfreut, wenn man sie hört; Meister der göttlichen Sprache, dem Nichts unbekannt ist;

„ 2. er ist ein Held an Muth und in den Werken der Safch, der Magd des Herrn von Sesennu, in dem Gebäude der Schriften, ein thätiger Lehrer auf dem Stuhle

„ 3. der Wissenschaften; der Erste seiner Genossen, der Vornehmste seiner Verwandten, der Obere seines Geschlechtes: Keiner ist ihm gleich, von dem verliehen wird (Charakter) Festigkeit an Jungen

„ 4. jeden, der gelangt in seine Hände; dessen Finger gross machen den Kleinen, welcher wählet das Maass nach seinem Wesen; der Erfüller der Versprechungen; der Umheger des Herzens in

„ 5. ihrem Betreffe; den auszeichnen seine Verdienste; der Hochgeliebte in den Herzen; nicht wird bestritten sein Wunsch, ersehnt seine Meisterschaft;

„ 6. Keiner hat Ueberdruss an ihm; schnell ist er in den Texten der Bücher, jungkräftig, erhaben, heischend Neigung, aufrecht, wohlgefällig,

„ 7. wiederholend die Blätter der Geschichte, wie sie bewirkend: Alles Hervorkommende aus seinem Munde ist träufend von Honig, machend gedeihen die Herzen dadurch wie die

„ 8. Schwämme (Pilse „auf den Armen" Früchte), Diener (Kutscher) Seiner Majestät, die lebe gesund kräftig, Begleiter (Nachfolger) des Herrn mit Leben Heil und Kraft, schaffend das Glück des Grossfürsten; er ist ein genauer Arbeiter

II. 1. der Anstalt, (obgleich) getroffen vom Greisenalter, wie jener—: erleuchte du wieder den Schreiber [Hui,] den Sohn des Unnefer

„ 2. in Adydos-Mati, geboren von Tavesurt im Bezirke der Balath, der Sängerin der Bast in Sochotl

II. 3. *Du, der Berather ist* seinem Meister; sein weiser Bruder (Begleiter?), königlicher Schreiber; Befehlshaber tapferer Soldaten; Prüfer des Herzens; von guten

„ 4. Verdiensten; erfüllend die Versprechungen; dessen Gleichen es nicht gibt unter allen Schreibern; geliebt von Jedermann, wohlgefällig zu betrachten;

„ 5. seine Schönheit ist wie die Blumen, unter dem Publikum; ein Schreiber in allen Beziehungen, der Nichts nicht kennt;

6

II. 6. beredt (überlegt) in seinen Antworten um zu finden den Beifaller; ausdrucksvollen Gesichtes; weit am Herzen; Liebling der Leute; sich freuend

„ 7. an Gelegenheiten zur Wahrheit, sorgfältig (aber) hinter sich lassend das Falsche.

II. 8. *Leben, Gesundheit, Heil!* *bleibe* (reich) ruhig und sicher, Nichts widerstrebe dir, Dinge (mögen) stehen zu Gebote

„ 9. dir, zu leben von köstlichen Genüssen; die Herzenslabungen und die Wonnen mögen sich sammeln an der Pforte deines Weges ; sie mögen erscheinen dir

III. 1. während deiner Lebensdauer! es seien leicht deine Stationen ; du mögest schauen den Glanz der Sonnenscheibe, möge er scheinen dir, dich sättigen sein Mahl; möge zukommen dir eine lange Lebensdauer ;

„ 2. mögest du sehen deine Götter dir günstig, nicht erzürnet gegen dich; möge dargereicht werden (dir) dein Lohn nach hohem Alter; mögest du gesalbt werden mit dem Harze, dem wohlriechenden

„ 3. der doppelten Gerechtigkeit; mögest du eintreten zu der Halle der Westgegend, dich gesellen zu dem Zirkel der Auserwählten; mögest du hören von ihnen das „Gerechtfertigt (ist) deine Rede", aufge-

„ 4. stellt werdest du in Abydos bei Unnophris, der aufgestellt ist in Abydos, vor den beiden (Todten —?) Göttern ; mögest du durchfahren den Himmel mit den göttlichen Begleitern, mögest du erscheinen dort

„ 5. als eine göttliche Seele unter den Begleitern des Sokari; geselle dich den Schreibern der heiligen Barke; nicht gehemmt sei dein Schreiten; du schauest die Sonnenscheibe am Himmel

„ 6. (und) ihre jährlichen Kämpfe; gefügt werde dir dein Fleisch, das Haupt und dein Gebein; mögest du hervortreten, (erscheinen) aus dem Bezirke der Verborgenheit, nicht vernichtet;

„ 7. [erscheine] glänzend aus dem Glanze; es dringe der himmlische Nil (Hapi) in deine Wohnung; er benetze deine Wege, befeuchte (wachse um)

„ 8. sieben Ellen bei deinem Grabe; mögest du sitzen an dem Ufer des Flusses im Augenblicke der Musse; baden dich,

IV. 1. deinen Mund, deine Hand; empfange Opferkuchen; es möge einathmen deine Nase Wohlgerüche, es sei heil dein Scheitel, es sei dein Rücken bekleidet mit Gewändern (der Thai;) es möge reichen dir Nepura Brode,

„ 2. Hathor Getränke, dass du sie schlürfest; du werdest Herr deines Gedächtnisses; öffne das Herz, trete ein zu jedem Orte deines Beliebens; thue es an seinen Platz,

„ 3. empfange Speisen von der Tafel des Osiris, welcher herrvorgeht mit Nahrung aus Abydos ; der Berg des Westens breite dir entgegen die Sykomore; sie befeuchte

„ 4. deine Kehle; du treffest den Sonnengott; du tretest ein zu dem Götterkreise; wahr (gerechtfertigt) sei deine Rede im Himmel; es sei das Glück bei dir; du erhöhest dich zum Himmel; nicht

IV. 6. vernichtet seiest du; du ziehest im Frieden, stehest an dem dir beliebenden Orte in allen Gestalten; deine Person ganz sei die eines Gottes, wann [du gestorben bist].

IV. 5. *Anderer Gegenstand.* Betreff (dass) dein Schriftstück

„ 6. nahte mir in der Stunde des Rastens von deinem Dienste; ich fand deinen Boten bei mir, sitzend auf dem Gespanne meiner Verfügung:

„ 7. du freust dich, bist in Heiterkeit (u.) scheust (desshalb) die Wiederholung, dass du (nämlich) eintretest in deine Kammer, um zu revidiren deine Schrift, findend, dass es nicht ein Vergnügen,

„ 8. nicht es ein Hochgenuss ist. (Wirklich) deine Sätze (Fügungen) sind verworren, sie sind irre führend; deine Worte alle sind verkehrt; sie drücken nicht aus den Sinn

V. 1. vollständig, (weil) verstellt und versetzt, das Hinterste zuvorderst; ein Anderer, ich, soll trachten, dem zu begegnen. —

„ 2. Dein Wissen ist eine Wildniss zum Reuten, ein Bergwerk zum Auswühlen;

„ 3. Eine Anzahl (Menschen) wählt Ausdrücke, reizende; (aber) sie sind nicht ausdauernd wie die Arbeiterinen (Bienen) beim Honig. Genommen hast du Flüssigkeit,

„ 4. eindringliche beim Färben; (aber) du bist dahingestürzt bei deinem Urtheile wie der Schritt eines Handlangers; du hast hingesetzt Reihen grössere als er und es war nicht nöthig („ein Gebot"). Aber wenn ich seit

„ 5. deinem Sagen betrachte kaltblütig die Sprache, so sind deine Ausdrücke [zum Einschüchtern] und zerrissen, so dass sie erschrecken mich.

„ 6. Aber es ist kein Erstaunen vor m i r, der i c h k e n n e dein Wesen und dein Straucheln darin, wenn du (beschränkt) bist auf dich allein. Alsdann sind deine Dräuer

„ 7. im Stehen hinter dir, ausbessernd dich, Kapu (Pfleger) zahlreiche thun Brühen auf deinen Leib, andere legen Kleider auf dich Bedrängten. Man steht

„ 8. im Beschwichtigen den Träger, indem man spricht: „Kommt herbei zu mir, reichet mir die Hand." Du bewilligst ihnen B e r k a u auf das Haupt von

„ 9. Jedermann, der dich rettet (mit dem Rufe): „richte auf dein Herz, wir werden es befühlen. Du hältst eine Weile und hörst ihr Urtheil, sitzend im Nachdenken

VI. 1. über die 6 Schriften, expedirt mit ihnen; nämlich du gabst (heraus) Werke (?) zwei zu Gesicht von Jedermann; du setztest fort deine Schriftstellerei (?)

„ 2. zehn [Jahre] mit den drei vollendeten Abhandlungen, die andere bleibt in der Beurtheilung. Es ist das Haupt der . . . .

„ 3. . . . . . im Sagen: Nicht bilde dir Hochmuth ein derenthalben, nicht erwähne der sechsten; zieh' aus zur Bemessung (Wägung) zu

VI. 4. dem, der sie abzuwägen hat nach Ellen, um zu lassen sie vollendet werden; die siebente steht bei der Seite 4: „Empfange deinen Mundvorrath für die

„ 5. Leute des Krieges"; deine Aufträge sind verwirrt, nicht lassen sie eine Auslegung zu; sie machen den Untergebenen

„ 6. taub, nicht machen sie ihn hörend; er [schwört es bei Ptah, sprechend: nicht gebe ich zu, dass er thue wühlen in dem Speicher; dass Er

„ 7. gebe aus mit Huld, soll man sich plagen wie? Dir liegt ob das Schöpfen Maasse aus ihm (dem Speicher) jeden

„ 8. [Monat] denn du bist der Schreiber, Befehlshaber von Soldaten, man hört auf das was du sagst; Keiner erhebt sich wider dich; du

VII. 1. bist geübt (geschickt) als Schreiber. Es kehrt zurück zu dir dein Schriftstück, zubereitet, um es verständlich zu machen. Deine Schwäche (besteht) in deinem Bilden

„ 2. Neues (Frisches); dein Vorzug ist die Kenntniss der Vorzeit. Sprich, nicht gut ist das nicht mehr Lebende, um es vorzubringen. Die Bruchstücke, die

„ 3. zusammenzuflickenden, sind an meinen Fingern wie eine Formel, getragen am Halse eines Kranken, während beständig. Nicht

„ 4. spielte ich den Nachlässigen, gefesselt an den Lack meines Siegels.

VII. 4. *Ich schicke dir zurück eine Abschrift davon* auf Papyrus

„ 5. neuem; angefangen von der ersten Schrift bis zu dem Schlusse, ist sie angefüllt mit Ausdrücken meiner Lippe, die geschaffen

„ 6. habe ich allein für mich; kein Anderer half mir dabei. Beim heiligen Wesen des von Tattu und des Dhuti, ich habe sie gemacht auf mich allein beschränkt; nicht rief ich einer

„ 7. Seele, um sie zu untersuchen; ich werde dir geben mehr als ein Zehend von Beispielen. Ich wiederhole dir, was du gesagt, gelegentlich an seinem Platze.

„ 8. Aus 14 Abschnitten besteht dein Schriftstück, welches füllt Folianten, wahrhaftige, Rollen, zahlreiche; ich träufle dir eine Auswahl (davon) zu.

VIII. 1. Das Steigen des Niles ist (bedingt) das Schwellen der Sykomore in der ersten Jahreszeit. Er hat eingenommen eine Ernte von Worten allen schönen,

„ 2. angenehmen, Worten, die ich machte wie du, seit du dich umgekehrt gegen mich. Doch jetzt hast du mich verlassen mit Winken zum ersten Male; nicht

„ 3. ertheilst du mir einen Rath am Beginne deines Schriftstückes; es bewegen sich vergrössert deine Worte; nicht ist eine Marke an ihrem Ende. Es ist mein Gott Dhuti als Schild hinter

„ 4. mir; beim heiligen Wesen des Ptah, des Herrn der Wahrheiten, nicht that ich verletzen sie, sondern that, wie du gesprochen; sie streben zur Verwirklichung. Es ist

„ 5. hervorkommendes Jedes aus deinem Munde (wie) gegen irgend einen

Feind. Mein Begräbniss ist zu Abydos im Grabe (Hause) meines Vaters. Ich gelte als Sohn von Mati im ganzen Lande. Ich werde beerdigt

VIII. 6. von meinen Verwandten im Gebirge Toser. Wie kommt also Abscheu in dein Herz? Ja, nimm dies nur hin! Erwähnt hat wer? von Anschlägen

„ 7. üblen, so ich thäte wieder dich durch Berichte gleichend Scherzen, die zur Belustigung gedient für Jedermann?

VIII. 7. *Du wiederholst die Rede:*

„ 8. „Zerbrochen am Arm, ohne Kraft· Mache den Thätigen als Schreiber.“ Du nennst mich einen Unwissenden· Zugebracht habe ich einen Augenblick

IX. 1. bei dir, zerstreuend dich· nämlich ich machte den Possenreisser, während der Andere mich quälte· Das Gebot des Herrn, des siegreichen

„ 2. ist mächtig; sein Gesetz bleibt fest wie Dhuti· Ich trage für eine ganze Familie· Dein Wort, womit du mich angreifst, kehrt

„ 3. sich gegen dich· Ich habe kennen gelernt ja Leute viele, ohne Kraft· zerbrochen am Arm; doch nicht ohne Macht und Einfluss· sie sind

„ 4. wohlhabend in ihren Häusern an Einkünften und Reichnissen· nicht wird gesprochen entgegen diesem· Lass mich entwerfen ein Porträt des Schreibers Roi (Levi)

„ 5. genannt· „Fackel des öffentlichen Getreidespeichers“: nicht rührt' er sich, nicht beeilt' er sich seit seiner Geburt· sein Abscheu ist Arbeit, wirkliche,

„ 6. nicht kennt er sie· er hat', obgleich wie ein Todter der Amenti, dennoch seine Glieder heil· und nicht leitet ihn die Furcht des guten Gottes· Du hast Beziehungen zu

„ 7. Kasa· dem Controleur der Heerden, einem Wortschwalle· ich habe gesagt dir sein Ebenbild· ohne dass du es widersprachest· Hast du etwa nicht gehört

„ 8. den Namen des Amenuahsu, eines der Alten von der Schatzkammer? Er verbringt bereits hundert Lebensjahre, wobei er noch wohl genug auf ist· um zu sein

„ 9. im Innern der Werkstätte bei der Präge· Du kennst doch jenen Necht, den Weinsack? Er ist dir noch mehr werth als jene,

X. 1. um zehn Male· Ich spreche dir auch von dem Kommandanten der Miethlinge, welcher sich aufhält in Anu· als Bewacher des königlichen Palastes LHK· klein war er ein Kater, gross geworden ist er ein Bock·

„ 2. er befindet sich wohl in seinem Hause· du hast bei ihm gewohnt, weilend in der Anstalt der Gelehrten· Du hast doch gehört den Namen des Mai, des Schlemmers· so

„ 3. dahin kriecht auf dem Boden ungesättigt· struppig am Kopfe, die Kleider angebunden rings? Wann du betrachtest ihn

X· 4. am Abend in der Dunkelheit· so sagst du wohl: „ein Gänserich ist besser als er", wenn er vorübergeht· er ist, Er, (gesetzt) über die Wage. Siehe

„ 5. seine Schwere!· Er erscheint vor dir mit einer Zwanzigheit von Gewichten· und doch wird er beseitigt gar leicht· wenn du bläsest nach ihm, während er vorübergeht· so thut er einen Fall

„ 6. hinweg, gleich wie die Blätter der Palmen· Soll ich sprechen zu dir über den bekannten Uah, von den Parken·? Du wirst ihn beladen mit Gold zu drei Malen· Ich

„ 7. schwöre bei dem Herrn von Sesennu und der Nohemanit· sprechend: du bist ein Armgewaltiger, du wirst niederschlagen sie· Gestattest du eine Untersuchung

„ 8. zwischen mir und Jenen, so schlage ich sie durch meine blosse Berührung, ohne zu regen meine Arme· Mapu, mein Meister,

„ 9. sollte nicht wissen es fertig zu bringen?· Siehe! ich stelle dir zurück deine Beschuldigungen, die schneidenden, indem ich milderte sie·

X. 9. *Du kommst daher*
XI. 1. eingeweiht in die Geheimnisse, die grossen; du spricht zu mir in Betreff der Formeln (?) des (Prinzen) Hartatef: „nicht verstehst du etwas Gutes oder Schlechtes (davon);

„ 2. eine Umfassungsmauer ist davor, welche kein [Laie] durchdringt." (Aber) du bist ein Geübter an der Spitze seiner Genossen, unterwiesen in den Schriften, gestählt

„ 3. in deinem Herzen, gezüchtigt (kasteit?) an deinem Körper; ich ehre deine Worte; es (erscheint) ein einziger Satz aus deinem Munde dreifach gewichtig, Du lässest mir Entsetzen

„ 4. zu der Ehrfurcht mein. Ich weiche zurück vor den furchtbaren Aussprüchen, so du thust. Ich bin scheuend dich, seit du so sprichst. Du schreckst mich

„ 5. als Schriftgelehrter mehr denn Himmel, denn Erde, denn Unterwelt. Dein Wissen ist ein Gebirg an Gewichten und Maassen, eine geheime Bibliothek, undurch-

„ 6. sichtig; sein Göttersystem verborgen, fernliegender als [die Gestirne]. O! so sage mir dein Wissen, auf dass ich dir antworte. Beschütze

„ 7. mich, dass ich erreiche deine (Finger-) Fertigkeit in der göttlichen Sprache. Wohlan! rüsten wir uns zu dem Kampfe gleichwie die Gäste gegen den Hunger. Ge-

„ 8. nehmige es!

XI. 8. *Du sagst zu mir*, „nicht giltst du als Schreiber, nicht du als Offizier, du bist verworfen von deinen eigenen Obern, nicht bist du auf der Liste." Aber du,

XII. 1. o Schreiber des Königs, Kommandant der Truppen, welcher weiss jedes himmlische Wort, kundig der Vorzeit, wende dich an den Platz (Sitz) der Schriften —

XI. 2. sie lassen dich sehen das Verzeichniss der darin [Befindlichen]. Nimm du Erlaubniss von Hurscha; er zeigt dir Leistungen von meinem

„ 3. Entwurfe, du findest meinen Namen auf der Liste als Zögling in der Hochschule des Rasestsu M(er)iamun LHK. Urtheile du

„ 4. auf Grund der Leiterschaft des Institutes: es gibt Rationen, schriftliche, auf meinen Namen, (so dass) ich also wirklich bin ein Zögling, (dass ich) wirklich bin ein Schreiber;

„ 5. kein Jüngelchen deines Geschlechtes ragt über mich hinaus. Wer an seine Mutter denkt, der gehe zu meinen Vorgesetzten:

„ 6. sie sagen dir Bescheid von mir!

XII. 6. *Du fährst fort zu mir zu sprechen:* „eine lange Laufbahn liegt vor dir, zu betreten durch Verhaue, hemmende;

„ 7. nicht kennst du sie." So tritt du dort ein vor mir her, ich werde hinter dir gehen willig; wirst du nicht dort eindringen,

„ 8. so werde auch ich nicht dort sein. Wenn du findest ihr Inneres und ich zurückweiche, so hab' Acht zu reichen die Hand mir, um zu bringen mich zu

XIII. 1. der Schwelle.

XIII. 1. *Du sagst zu mir:* „Du bist kein Schreiber von berühmtem Rufe, ohne Schulung; du greifst die Schreibtafel verkehrt an und

„ 2. und (sic!) nicht förderst du." Ich erinnere (dagegen): Ist nicht Nefer[hotep?] der mich lehrende, was ich sage? Trotz des vielfältigen Widerspruches

„ 3. schöpfe ich deine Zuversicht wider mich, wiederholend zum zweiten Male: „Deine Satzfügungen sind trügerisch, nicht kann man sie verstehen:

„ 4. genommen werden soll dein Schriftstück (und gebracht) vor Anhur, dass er entscheide zwischen uns gerecht. Nicht erzürne dich!

XIII. 4. *Anderer*

„ 5. *Gegenstand.* Sorge, dass du kommst und dich befassest mit deinen Arbeiten; thue zu wissen dein Verfahren, da du ja sagst: „Ich bin der Schreiber,

„ 6. Kommandant des Heeres." Gegeben ward dir ein Jahr es zu Stande zu bringen. Du kamst zu mir, erwägend die Verabreichung der Lebensmittel an

„ 7. die Kriegsleute. Du sagtest zu mir: „Kontroleur, du lass im Stich deine Obliegenheiten! Unterweise du, sie herzustellen!"

„ 8. So ist es gefallen auf meinen Nacken. Lass mich dir sagen mehr zu dem, so du gesagt. Dies ergibt dein Sein mangelhaft.

XIV. 1. Ich melde dir den Befehl deines Herrn **L H K**, wie dass du, sein Basilikogrammate, auszögest, habend die Standbilder, grossen, des Horus,

" 2. des Herrn der beiden Welten. Denn du bist der S c h r e i b e r, der geübte, welcher einherschreitet an der Spitze der Truppen. Man machte eine schiefe Ebene von 230 Ellen (Länge) zu 55 Ellen (Breite) auf 120

" 3. R o g a t h a, gefüllt mit Faschinen und Balken, an Höhe Ellen 60 bei ihrer (der Ebene) Spitze; ihr Inneres von Ellen 30, mit einer Grundfläche von

" 4. Ellen 15; ihr Sockel von Ellen 5. Es wurde gemacht die Berechnung ihrer Kubik(Würfel)masse von dem Befehlshaber der Expedition; die Schreiber richteten sich auf nach jeder Richtung

" 5. drängend sich, es zu erfahren, schadenfrohen (?) Herzens: Du wirst es ja wissen, nämlich du, ein S c h r e i b e r, ein geübter, mein Meister.

" 6. Entscheide für uns schnell. Soll ich nennen das gefundene Resultat? Ein einziger im Innern des Platzes wird gross machen die anderen

" 7. Dreissig (-er?). Thue ja nicht sagen zu mir: „das ist eine Angelegenheit von Jedermann." Antworte uns seine Würfelmasse! Betrachte seinen

" 8. Umfang, berechne: Jeder einzelne von jenen Rogatha ist von Ellen 30(¼?) auf Ellen 7.

XIV. 8. *He, Mapu*, du Schildwache

XV. 1. erste, welche einhergeht vor den Soldaten, Säule, stehend vor der grossen Doppelpforte, wohlgefällig ist das Gebeugtsein unter dem Ehrenorden der Gelehrtheit —

" 2. Ziehe aus Auftrag des Kronprinzen bis zur Mündung K a um zu erfreuen das Herz des siegreichen Horus, um zu feien den Löwen gegen Vernichtung

" 3. nämlich: mache einen neuen Obelisken, sculpirt auf den hl. Namen seiner göttlichen Majestät LHK von 110 Ellen seitlicher Höhe, seine Fläche von 10 Ellen, der

" 4. Umfang seines Endes soll betragen 7 Ellen in jeder seiner Richtung; seine Verjüngung von der Grundfläche bis zum Scheitel (sei) von 2 Ellen; sein Pyramidion von 1 Elle

" 5. an Höhe, seine Spitze (?) von 2 Fingern; addire Alles zusammen und summire es nach Theilen. Du übergabst mir Alles, habend die Schlepper,

" 6. die zogen zum rothen Berge. Besorge die Bezahlung an sie aus den Einkünften des Kronprinzen, des Sohnes (m e s u) des Sonnendiscus, zum Voraus.

" 7. Bestimme uns die Masse der Leute, welche unter deiner Obhut stehen; auf dass nicht wiederholt werde die Sendung der Denkmäler aus dem Bruche.

" 8. Antworte schnell, zaudere nicht; denn du hast sie dir zu holen gehabt; lass dir vorgeführt werden (die Leute); sorge für deinen Transport.

XVI. 1. Ich mache jubelnd dein Herz; ich bin im Ergründen die Vorzeit wie du; bestimme uns einen Wettstreit des Rohres, ich habe Lust

„ 2. zu messen meine (Finger-) Fertigkeit, im Hören meiner Geschicklichkeit wie meiner Irrthümer. Nur heraus damit; nicht weint dein Schützling

„ 3. hinter dir. Ich gebe zu, dass du behauptest zu sein ein Basilikogrammate von Seiten des Horus, des starken Stieres und dass du befehligest Leute, zu machen ein Verzeichniss, zu geben einen Bericht

„ 4. in ihrem Betreffe. Ich bin es, der dir (es) sendet als Revisor. Indess du suche sie dir; du bist mein Arm, mein Finger,

„ 5. im Fechten (Stossen), wie der Stier der Feste an allen Festen.

XVI. 5. Was das betrifft, *dass man dir gesagt hat:* „leere den Raum, welcher

„ 6. beladen ist mit Sand (und) enthält die Standbilder deines Herrn LHK, die gebracht wurden vom rothen Berge: so beträgt derselbe 30 Ellen Aus-

„ 7. dehnung am Boden, auf eine Breite von 20 Ellen, zerfallend in ein Zwanzig von Gemächern, voll von Sand der Ruinen; die

„ 8. Querlinie jener Gemächer beträgt an Breite 8 Ellen; vier davon sind 50 Ellen an Höhe bis zu ihrer Begränzung

XVII. 1. in ihrer Verengung. Es ward dir der Auftrag, dem wissenden, dass er vor dem König handelt, welcher Jemand gross macht. Sein Befehl lautete: „in 6 Stunden praecis." Da wurden die Herzen kleinmüthig und die Brust, gegenüber dem Befehle. Bevor die Frist verstrichen war,

„ 2. gabst du Anfeuerung den Soldaten, dass sie erhoben ihren Ruf: Aufgerichtet ward das Monument auf seinem Platze. Das Herz des Königs, der es sah, war zufrieden.

XVII. 2. *O Schreiber,* begabter, verständigen Sinnes, dem geradezu Alles bekannt ist,

„ 3. Fackel in der Dunkelheit vor den Truppen her, der eine Leuchte ist für sie; du wardst gesendet im Streite mit Rohana an der Spitze eines tapfern Heeres um zu verjagen die rebellischen Aufwiegler genannt die

„ 4. Aolana. Das Söldnerheer unter deiner Obhut betrug 1900 Schardana, 620 Qahaqu, 1600 Maschawascha; die Nehàsiu betrugen 880; zusammen 5000

„ 5. im Ganzen. Entfernt ihre Führer, brachten sie dir Mundvorrath vor dich: Brod, Schlachtvieh, Wein als Reichniss an die vielen Leute dein. Aber die Sachen

„ 6. waren zu gering für sie, nämlich Kamahu brode 300, Mapabrode

1800, Schlachtvieh verschiedenes 20 Stücke, Wein 30 (Gefässe). Die Mannschaft war zahlreich; die Gegenstände gerichtet, wie du anordnetest dort. Du empfiengst sie

XVII. 7. und legtest sie nieder in dein Magazin, die Truppen schreckten den Diebstahl ab, thaten sie in Theile sogleich (den Augenblick) jeder in seine Hand. Die fremdländischen Neger betrachteten den Trommelträger

" 8. welcher schlug die Mittagszeit; es kam das Lager herbei, brennend (vor Begier) nach dem Momente des Aufbruches; „erzürne dich nicht; unsere Brode sind hinreichend. Marschire vor uns her. Wohlan, lassen wir die Brode zurück!

XVIII. 1. Unser Erliegen während des Marsches, was thut es dir? o Mapu, der du uns züchtigst, du bist ein geübter Schreiber, du kamst um zu üben die Sorge, seiend es die Stunde des

" 2. Aufbruches an einem kritischen Tage. Schreiber von Seiten des Haq LHK, der du herfuhrst uns zu züchtigen: es ist nicht gut, o Moses! dass er es hört — sonst schickt er, um dich zu bedrängen!

XVIII. 3. *Dein Schriftstück*, mit vielfachen Abschnitten, ist überladen mit grossen Wörtern: siehe da die Belohnung derer, die sie untersuchen: Beladend

" 4. hast du geladen nach deinem Belieben. „Ich bin ein Schreiber, ein Mohar", so hast du wiederholt gesagt. Wohlan! lass uns bewahrheiten jenes, so du gesagt: Komme heraus!

" 5. Du untersuchest dein Joch (Gespann); die Rosse sind hurtig, wie die Panther, roth ist ihr Auge; sie sind wie das Wehen des Windes, wann er ausbricht. Du suchst

" 6. die Zügel, du ergreifst den Bogen; wir sehen, was thut deine Hand. Ich rücksende dir die Schilderung des Mohar, ich lasse sehen

" 7. dich seine Thaten: Bist du nicht gezogen zum Lande Cheta? Hast du nicht geschaut das Land von Aup? Chaduma, kennst du nicht sein Aussehen? Iga —

" 8. dai dessgleichen, wie es beschaffen ist? Den Felsen des Sestu LHK? Die Stadt Chirabu, welche in seiner Umgebung sich befindet?

XIX. 1. Ihre Furt, wie beschaffen sie ist? Hast du nicht gemacht eine Reise nach Qodesch und Tubachi? Bist du nicht gezogen zu den Schasu,

" 2. mit den Miethlingssoldaten? Hast du nicht betreten den Weg nach dem Magar, (wo) der Himmel verdunkelt ist am Tage,

" 3. bewachsen mit Cypressen nebst Eichen (und) Cedern, welche erreichen das Firmament? (wo) Löwen nebst Panthern und Hyänen

" 4. umstellt werden von den Schasu auf ihrem Wege? Bist du nicht gestiegen zu dem Berge Schawa? Bist du nicht gewandert, deine beiden Arme

XIX. 5. gelegt auf [den Hintertheil] deines Wagens, der getrennt ward von den Seilen durch die Rosse, die ziehenden?

„ 6. Wohlan! lass uns kommen nach (Hu)bartha; du machst den Eilenden (einen Ausflug?) an seinem Stiege; es ist dein Ueberschrei-

„ 7. ten seine Furt über ihn. Du erfährst die Genüsse des Mohar; dein Wagen

„ 8. ist gelegt in deine Hände; deine Kraft erschöpft sich; du gelangst zur Einkehr am Abend; es sind deine Glieder

„ 9. alle zermahlen, zerrieben, ermüdet; deine Knochen gebrochen. Eingeschläfert durch den Schlummer, wachst du auf:

XX. 1. es ist die Stunde des Gerathens in eine traurige Nacht: du bist allein auf dich beschränkt. Kommt nicht ein Dieb, welcher bestiehlt die wenig Achtsamen?

„ 2. Er betritt den Stall, die Rosse schlagen aus (stampfen), der Dieb schleicht sich rückwärts hinweg in der Nacht,

„ 3. raubend deine Gewänder. Dein Kutscher wacht auf in der Nacht; er gewahrt das Vorgefallene; er nimmt den Rest; er

„ 4. tritt über zu denen welche schlecht sind, er (selbst) gesellt sich zu dem Gesindel der Schasu; er gestaltet sich um zum Aeussern eines Asiaten (Amu);

„ 5. der Feind zieht aus, um zu vollziehen sein Gelüsten nach Plünderung; es werden gefunden die Ueberbleibsel. Du erwachst, findest du nicht

„ 6. ihre Spur und machst sie zurückbringen deine Sachen? Du zeigtest dich als Mohar, thätiger (rastloser); du spitztest dein Ohr!

XX. 7. *Ich sage dir* eine andere Stadt, eine mysteriöse, nämlich Kapuna ist ihr Name; wie sie beschaffen ist und ihre Göttin, davon ein ander Mal. Hast du nicht

„ 8. betreten sie? Komme gefälligst nach Barutha, nach Ziduna (und) Zareputa; die Furt von

XXI. 1. Nazana, wo sie ist; Avathu, wie beschaffen? Sie liegen zunächst einer anderen Stadt in dem Meere: Zaru des

„ 2. Hafens ist ihr Name. Ihr Wasserfassen geschieht mittels der Barken; reich ist er (sie?) an Fischen über den Sand.

XXI. 2. *Ich sage dir* zwei andere

„ 3. kleine Hauptstücke: den Besuch von Zarmau, (wovon) du sagen wirst: „es ist brennender als die Flamme" — und die schwere Erkrankung des Mohar.

„ 4. Komme, begib dich auf den Weg der Rückkehr nach dem Kaikna — es liegt die Strasse von Aksapu wo?

„ 5. An der Pforte der Vorstadt. Komme gefälligst zu dem Berge von Vesur, sein Gipfel wie beschaffen (er ist).

XXI. 6. sich befindet der Berg von Sakama wo? Wer wird sich seiner
bemächtigen? Der Mohar, welcher gemacht

„ 7. einen Marsch nach Huzal wo? Seine Furt wie beschaffen? Ge-
statte mir auch (zu schildern) den Marsch nach Hamatha,

„ 8. Degal, Degal-aar, den Platz der Zusammenkunft von den
Mohars all. Komme

XXII. 1. gefälligst auf seinen Weg, lass mich · · `hauen Jah. Wenn man ist
im Marschiren nach Medamim. · enbare, (in welcher Richtung)

„ 2. wohin? Sei nicht zurückhalt· ·t deinen Belehrungen, du ent-
rolle sie uns, damit wir sie `·¸sen.

XXII. 2. *Komme* dass ich dir sage andere

„ 3. Städte, welche ausser diesen (noch dort sind). Bist du nicht gezogen zum Lande von Tachis, Kafirmarluna, Thamen,

„ 4. Qodesch, Depul, Azai, Harnemmata? Hast du nicht
geschaut Qartha-Anbu,

„ 5. Baitha-Dhupar? Kennst du nicht Adulmau, Zidiputha
dessgleichen? Kennst du nicht den Namen von

„ 6. Chanurza, welches im Lande von Aup? ein Stier an seinen
Grenzen, der Schauplatz des Ringens

„ 7. aller Raufbolde? Komme gefälligst zu der Schilderung von Sina,
lass mich wissen Re-

„ 8. hobu, erläutere Baitha-Schaaar nebst Qartha-(Tharqa)aar;
die Furten

XXII. 1. des Jordana (u.) seine Ueberschreitung, wie beschaffen? Lass
mich wissen die Art des Uebergangs nach Maketha, welches vor
ihm liegt. Du bist ein Mohar,

„ 2. geübt in Thaten der Tapferkeit; findet man einen Mohar wie
du, um zu schreiten an der Spitze der Truppen (oder) einen
Marina,

„ 3. der über dir wäre, um zu schiessen mit Pfeilen? Gib Acht auf den
Abgrund von Schroffen mit einer Tiefe von 2000 Ellen, voll von
Gerölle und Kieseln!

„ 4. du machst einen Umweg, du ergreifst den Bogen, du thust das
Eisen in deine Linke, du machst sehen die braven Häuptlinge

„ 5. sich ihre Augen schwach an deiner Hand „Abed (ist erwünscht?)
Kameel(fleisch) (dem) Mohar zum Essen. ?! Du machst dir
einen Namen als Mohar,

„ 6. eines Herrn der Capitäne von Tomera; es wird dein Name wie
der des Kazardij, des Grossen (Königs) von Asur, als ihn trafen

„ 7. die Hyänen im Innern des Gehölzes in dem Engpasse, die umstellt
wurden von den Schasu, verborgen unter den Gebüschen;

„ 8. es gab deren mit 4 Ellen von ihrer Nase an bis zu ihren Hintertatzen,
wilden Blickes, nicht freundlicher Gesinnung, nicht hörend auf
Streichelungen.

XXIII. 9. Du bist allein, kein Gehülfe ist bei dir, keine Heerschaar hinter dir, nicht findest du den Marmar, dass er dir bewirke die Möglichkeit

XXIV. 1. der Passage; die Nothwendigkeit des Marsches liegt auf dir und nicht kennst du den Weg: es ergreift dein Gesicht das Entsetzen, dein Haupt(haar) sträubt

„ 2. sich, dein Leben (Seele) beruht auf deiner Hand; dein Weg ist voll von Geröll und Kieseln, nicht ist der Strich passirbar, da er bewachsen ist mit Schlingpflanzen

„ 3. nebst Nopalen und Gebüschen von Wolfsklauen. Die Schroffen sind auf deiner einen Seite, die steile (ragende) Bergwand auf deiner

„ 4. andern. O gehe (zu Fuss), bei ihrem Gefälle berstet dein Wagen auf ihrer Hälfte, es werden scheu durch den Stoss

„ 5. deine Rosse; wenn sie gelassen werden zur Tiefe, so wird deine Wagendeichsel verlassen und gehemmt, deine Riemen fallen, es ist aus mit dir, das Gespann

„ 6. wird zerbrechen die Deichsel beim Durchrasen der Klamm; es ist nicht zu denken an ein Mittel sie zu binden, nicht verstehst du sie zu

„ 7. sammenzuflicken; das Querholz wird verrückt von seinem Platze, das Gespann sträubt sich es zu tragen; dein Herz wird überdrüssig; du schickst

„ 8. dich an zu trotten, der Himmel ist offen, Durst bei dir, der Feind hinter dir: es packt dich das Zittern;

XXV. 1. ein Hinderniss ist dir ein Dorngesträuch, du thust es auf die andere Seite, geritzt wird das Gespann;

„ 2. im Nu findest du dich liegend und erfährst bittere Genüsse. Angelangt in Jupu

„ 3. findest du das Feld grünend zu seiner Jahreszeit. Du machst einen Versuch zu essen, du findest die Kleine

„ 4. Schöne, welche hütet die Gärten; sie thut dein Anliegen an sie als Gefährtin, sie erlaubt dir die Haut von

„ 5. ihrem Busen. Du wirst entdeckt, es ist deine Sprache ein entscheidendes Zeugniss gegen den Mohar, das Band der

„ 6. süssen Knechtschaft zahlest du mit einem Angebinde. Du liegst jeden Abend, während ein Sack auf

„ 7. dir ist, du hältst deinen Schlaf, seiend du sorglos. Ein Dieb nimmt deinen Bogen, deinen Dolch

„ 8. deinen Köcher. Dein Riemenwerk wird abgeschnitten in der Dunkelheit, deine Pferde

„ 9. sind in der Möglichkeit fortzusprengen. Es fasst der Kutscher den jähen Abhang, der Weg erhebt sich vor ihm (corr. dir) er macht

XXVI. 1. zerschellen deinen Wagen, er bewirkt dein Umschnappen; deine Rüstung fällt auf den Boden;

„ 2. sie sinkt in den Sand. Es zeigt sich vergeblich dein Bitten, du

verschwendest dein Flehen: „O gebt (ihr) doch Speisen her nebst
Wasser! Wenn

XXVI. 3. ich das erreiche, so bin ich auch gerettet". Sie stellen sich taub,
nicht spielen sie die Hörenden; (denn) sie wollen nicht. Deine
Worte entströmen: „Man lasse

„ 4. schicken zur Schmiede, es werde(n) in Bewegung gesetzt die Werk-
stätte(n)! ᵕ ᵕeiter in Holz, Metall und Leder begegnen dir: sie
thun

„ 5. das dir Beliebende Alles. Sie repariren deinen Wagen, sie beseitigen das Schadhafte; es wird festgenagelt

„ 6. deine Deichsel von Neuem; es werden angelegt ihre Querhölzer;
sie thun das Riemenwerk an deine Wagenhinterhand; sie machen

„ 7. fest dein Joch; sie legen an deine Metallbeschläge, sie schmieden
die Zierrathen;

„ 8. sie liefern ein Futteral für deine Peitsche und fügen ihr die Leder-
schnüre; du brichst eilig auf um

„ 9. um (sic!) zu kämpfen auf dem gefährlichen Posten, um zu voll-
bringen Thaten der Tapferkeit.

XXVI. 9. *Mapu*, du auserwählter S c h r e i b e r , M o h a r ,
XXVII. 1. welcher kennt seine Hand, Verfolger der A o l a n a , Erster des
Heeres, der du erforscht hast die äussersten Punkte der Erde,
du K a n a n a (-näer?), nicht

„ 2. antwortest du mir (weder) Gutes (noch) Böses, nicht sendest du
zurück mir eine Weisung. Komme dass ich dir sage die Vorfälle
alle dein, am Schlusse deiner Reise. Ich be-

„ 3. ginne dir vom Häuse des S e s t s u LHK: hast du es nicht betreten
aus Noth? Hast du nicht verzehrt F i s c h e der (Bucht) A o l a t h ,

„ 4. hast du dich nicht g e b a d e t in derselben? Wohlan! lass mich dir
erwähnen (die Stadt) H u z i n a und wo sich ihre Festung befindet.

„ 5. Komme zum Hause der Göttin U o t i (Buto?) des S e s t s u LHK
in seinen Siegen (R a v e s u r m a) LHK, (nach) S a z a a a r

„ 6. nebst A b s a q a b u , (dass) ich dir sage die Beschaffenheit von A i -
n i n i ; kennst du nicht seine Sitten ? (kennst du nicht) N a c h a s a

„ 7. nebst H u b u r t h a , (welche) du nicht gesehen (hattest) seit deiner
Geburt, o M o h a r , ausgezeichneter? R o p e h u

„ 8. (und) sein Schloss, wie es beschaffen ist? Es beträgt die Grösse
eines Schoenus Weges bis nach G a z a t h a .

„ 9. Antworte schnell! O sprich zu mir von dem, so ich von deinem
Moharthume zu dir sage: ich errege Stutzen den

XXVIII. 1. Laien mit deinem Namen M a r i n a , ich erzähle ihnen deine Jäh-
zornigkeit, gemäss dem Worte, so du gesprochen: „Ich bin geeignet
für alle Geschäfte; es unterwies mich mein Vater, der sein Urtheil
kennt, Millionen von Malen. Ich bin

„ 2. verstehend auch zu ergreifen die Zügel, überdiess bin ich auch geübt in ihrer Handhabung, keine Tapferkeit erhebt sich über (die) meine Glieder : Ich bin ja von der Sippe des (Kriegs-) Gottes Menthu." Sehr knapp ist Alles, was über deine Zunge kommt,

XXVIII. 3. äusserst verwickelt sind deine (Satz-) Fügungen. Du kommst zu mir, umwickelt mit Schwierigkeiten, beladen mit Zweideutigkeiten. Du zertheilest die Worte beim Eintritte in dein Gesicht; nicht fühlst du Ueberdruss an Hin- und Herrathungen;

„ 4. Zuversicht (ist) in deinem Gesicht (sprichst du): „Nur sich gesputet! Nicht lasse nach! Wie heisst denn das, was man nicht erreichen könnte?" Aber jenes Erreichen, wie ist es (möglich) (?) Ich lasse nicht nach, noch weich' ich zurück, sondern ich bin angelangt. Es seien gestillt die Besorg-

„ 5. nisse deines Herzens, dein Herz richte sich auf. Nicht lasse fasten den Bettler um Speise! Abgekürzt habe ich dir das Ende deines Schriftstückes; ich sende dir zurück, was du gesagt; deine Worte schwärmen über meine Zunge, bleiben auf dem Rande meiner Lippe.

„ 6. sie sind verwirrend anzuhören (schwerverständlich), nicht ein Ungeschickter dolmetscht sie; sie sind wie die Reden eines Unterägypters mit einem Elephantiner. Aber du bist ein Schreiber der Doppel-Gross-Pforte, deine Tüchtigkeit wird erzählt bei der Huld der Welten.

„ 7. Deine Gunst betrachte sie, nicht sprechest du : „Verunstaltet hast du meinen Namen vor dem Publikum, allen Leuten." Siehe! Ich habe entworfen dir ein Ebenbild des Mohar. Ich durchwanderte für dich das Ausland, ich reihte

„ 8. dir die fremden Gegenden zusammen (auf einen Ort), die Städte nebst ihren Gebräuchen. Sei uns günstig, betrachte sie ruhig, du findest Gelegenheit sie zu besprechen, wenn du weilst im Bereiche des Sar-Oanh.

Papyrus Anastasy (Leydens. I. 350.)

Haus Nummer 5.

I. 1. .... Den Himmel lieber als die Unterwelt· durcheilt dein göttlicher
Körper, welcher in dem Gehäuse ist· erleuchtet die Welt nebst deiner
Seele seit der Urzeit· Wesen

„ 2. [alle betrachten] dich; Verehrung durchdringt deine Anbeter

Haus Nummer 6.

Jeder Bezirk ist fürchtend dich: die Bewohner der

„ 3. [Länder] zittern vor deiner Kraft· dein Name ist erhaben, mächtig,
reich; die Flüsse und Meere erschreken vor dir·

„ 4. Schwer lastet sein Gebot auf der Erde· und den Schranken des Cen-
tral-Gewässers· es fallen vor dir die Länder und die Berge· das Land

„ 5. [Aegypten] erfüllt dein Schrecken· es kommen zu dir die Bewohner
von Punt· du machst grünen das Land Oat durch deine Liebe· es se-

„ 6. gelt zu dir der friedliche Kaufmann(?) des Südens mit Schiffen· um zu
versehen deinen Tempel mit Wohlgerüchen, bereiteten· Sykomoren des
Weihrauchs, Wachs, Vorräthe

„ 7. von Anta· duften auf dein Hinterhaupt, dringen in deine Nase· Genüsse nebst den Ergebnissen der Fertigerinen des Honigs· die An-
nehmlichkeit

„ 8. des Kyphi bethätigt ihren Reiz· Minen von Cedernsaft gesellen sich
mit Mestem· Nimm die Opfer an Oelen von deinen Verehrern·

„ 9. Ausgüsse des Nectar von deinen Begleitern· Anta und ächtes Harz
von deinen Dienern· es ragen dir die Mastbäume

„ 10. ..... · es durchfurchen die Ruder deiner heiligen Prora den Himmel·
du überragst die göttlichen Berge· um zu vergrössern die Pforte

„ 11. deines ..... · die Flotten auf den Flüssen, die Nachen in den
Teichen· preisen dich im Vorüberfahren vor dir·

„ 12. die den Nil aufwärts fahren bei Winden der Rückkehr· sie bieten dar
deinem Wesen von allen Dingen· kein Gott ist (so) wohlthätig

„ 13. [wie du; alle] Gesetze(?) stammen aus deinem Bezirke·

Haus Nummer 7.

Ein buntes Gefolge(?) ist in Theben· allerlei Gaben und Geschenke
bewahrt

„ 14. [man dort]; diese Stadt] ist die Zierde des Allherrn· die göttliche
Zier des Tum, der Augapfel des Sonnengottes, ist Theben mächtiger
als jede Stadt· sie setzt die Erde

I. 15. [die ganze, in] Verwunderung durch ihre Macht· sie führt den Bogen
und fasst den Pfeil· Nicht wird gekämpft mit ihren Entschlüssen von

„ 16. [irgend Jemand]; sie besiegt jede Stadt, indem sie vergrössert ihr
Maass· sie ist ihr Schirm (u.) ihr Hort; ein Reichtum von Spenden
ist in ihrem

„ 17. [Gebiete· es reichet ihr dar] jeder Feind seine Tribute· erreicht nicht
Theben das Aeusserste·? Ist nicht der Sonnengott ihr gewogen·?
Die Unterwelt

„ 18. [in ihrem Westen ist prachtvoll;] Grösse .. Macht .. vereinigt ihr
Sitz· Die Quellenhöhlen des Niles

„ 19. [erscheinen in ihr] nicht wird sie gehemmt: ihre Schatzhäuser sind
berühmt· . . . .

Haus Nummer 8.

„ 20. [Acht Elementargötter sind, welche gestalten] Alles· Die Herstellung
der Schöpfung ist dein Anfang und dein Beginn· Der himmlische
Ocean

„ 21. [enthielt ihre Keime· es schufst du] die Schranken der Erde· Der
Gedanke des Ptah die Flüssigkeit der Sechet·

„ 22. [. . . . seine . . . .·] die Feinde des . . . . mit Messern· die Bewohner

„ 23. [der . . . .]· die helle Seele beseelte die Gebilde
seiner Finger, der gepriesenen· er vervielfältigte

„ 24. [seine Schöpfungen . . .]· seine Schulter trägt seine Bildungen· er
entfaltete die Macht ihrer Wirksamkeit· zufrieden

„ 25. [war er mit] seiner . . . . nebst seiner Grösse· er errichtete Theben
um zu ermöglichen die Opfer Amon

„ 26. [wählte den Teich von] Theben für seine Barke Dhesnofru· er
verschlang den Tum und sein göttliches Wesen· Amon that

„ 27. [die Barke Dhesnofru in den Teich von Theben]· es wird ihm ge-
spendet eine königliche Gabe auf einer Tafel, wie es geschah dem
Sonnengotte beim Anbeginn· es verursachte . . . .

II. 1. Amon Umgänge hinter der Cella· es empfing der Herr der Welten
die Anbetung seiner Geheimnisse· sie wiederhallt im Bezirke der Sonnen-
stadt, sie ertönt von den Mauern: O mächtiger Gott, Geist der göttlichen
Geister·

„ 2. wie der andern Seelen· o Einer, Einziger· o Gott, ehrwürdiger, dessen
Namen verborgen ist in den *8* Göttern!

Haus Nummer 9.

Die Gesammtheit der Götter entsteigt (aus) dem Ocean· es richten
sich auf bei

„ 3. deinem Anblicke die Wanderer· Herr der Herrn, der sich herstellt
selber· o Herr der Herrlichkeiten, er ist der Herr· die Wesen betrachten
die Strahlen

„ 4. sein· welche erleuchten die Gesichter derselben mit ihrem Flimmern·

die Augenpaare sind aufgesperrt, die Ohrenpaare geöffnet, die Wesen alle sind enthüllt

II. 5. bei seinem Gange· der göttliche Himmel wird von Gold, der himmlische Ocean von Lazuli· ein Gefäss, glänzend von Mafka, leuchtet er auf an ihm· die Götter im Schauen

„ 6. (ihn) erheben sich aufrecht· die Menschen, welche zu seinem Anblicke gelangen, verehren sein Licht· die Bäume (Pflanzen) alle sind im Aufsprossen durch seinen Reiz· die Wurzeln und ihre Sprossen

„ 7. ergrünen· ihre Blätter erhalten Knospen· die Fruchtkeime schlagen aus· die Wasserpflanzen in ihren Häfen sind im

„ 8. Aufschiessen· alle Gethiere wimmeln vor ihm· das Geflügel ist im Schlüpfen aus seinen Nestern, sie lobsingen ihm zu

„ 9. guter Stunde· sie leben auf durch seinen Anblick jeden Tag· sie sind im Thun ihn preisen wegen seines Feuers· nicht zerstört sie der Gott, der heilige in seinem Wesen·

„ 10. der unvergleichliche in seiner Gnade· er ist der grosse Gott, welcher beherrscht die Göttergesammtheit·

Haus Nummer 10.

Angenehm ist Theben über jede Stadt· Der Beginn der Welt ist in ihr seit dem ersten Male· es kommen

„ 11. die Früchte des Feldes reichlich· das Bilden ihres Bodens ward angeordnet bei der Bildung der Welt· es geschieht das Stürzen der Angesichter von ihr· die Vorangehende allen Städten ist ihr wahrer Name·

„ 12. Sind nicht die Städte, wie sie nur heissen mögen· unter den Sitzen von Theben, dem Augapfel des Sonnengottes? es kommen ihre Sklaven mit den Kostbarkeiten ihrer Zier· gedrückt wird der Boden in ihr von Pflü-

„ 18. gern· Friede und Musse herrscht auf den Kanälen· in ihrer Auffassung als der Gebieterin, der Gebieterin der Reiche· bereichert ist sie mit Dingen· in ihrem Namen als Oas, der Stadt

„ 14. des Ueberflusses· Heiles voll in ihrem Namen als der heilen· es schauet der in seiner Scheibe Cheftherncbs (das „Vis à vis ihres Herrn") aufgehend und rastend auf ihrem Sitze in ihrem Namen als die

„ 15. Apet, Sitz des Sonnengottes, welche sehr herrlich ist· alle Städte führen herbei Tribute· damit sie vergrössern Oas: sie ist die angenehm(st)e·

Haus Nummer 20.

Ausgedehnt wie

„ 16. Der Länder Raum (bist du)· indem du machst deinen Zeit-Gang, den täglichen· Schöpfer des Standpunktes der Gestirne· Tage und Nächte sind gelegt

„ 17. in seine Hände· erneuend dich am Tage durch Wiedergeburt· bist du beim Weichen der Nacht in deinem Tage· es blicken empor zu seinem Auge die Sehenden·

„ 18. alle Gesichter erheben den Blick· sie wetteifern im Betrachten seiner

Herrlichkeit· kein Weg ist leer von ihm bis zu den Schranken der Welt· es eilen die Gestirne,

II. 19. seit er geschaffen die Sterne· sein Auge thut die Erde in's Licht, sein Nichtleuchten in Abend· die Ausdehnung des Himmels, des Wassers, der Unterwelt, die Häupter in jeder Richtung wenden

„ 20. auf ihn· die Gesichter· alle Gesichter richten sich auf ihn· von Menschen und Göttern, indem sie sprechen: „Ausgedehnter!"

Haus Nummer 30.

Dreissiger gibt es zur Bestrafung dessen, der frevelt

„ 21. mit seiner Hand· züchtigend mit ihren Hieben, peinigend mit ihren Schlägen den Uebles Sinnenden, den sie packen· sie verhängen ihm eine dauernde Strafe,

„ 22. sie geben ihm dann eine bleibende Busse· zu sühnen die Vollführung der Gelüste des Herzens im Gefängnisse, zu verlassen sein Eigenthum und sein Weib· Heil

„ 23. den Unfeindseligen· der Herr von Millionen ist an ihrer Seite; glücklich sind ihre Jahre im Hause der Wonne; ihre Herzen erquickt· Gestürzt wird der Feind des Allherrn· der nicht

„ 24. Feindliche weilt im Himmel als Theilhaber· Ein Palast ist Theben, Anu eine Wohnung des Ruhmes· ihre Bewohner, die in ihnen erscheinen, all ihre Insassen, sie verherrlichen ihn, rufend: „Prächtiger

„ 25. in seiner Erscheinung· siegreicher, Mächtiger in seinen Gestalten· wahr ist die Rede des Amon-Ra· Gestürzt hat deine Tapferkeit den Frevler (und) übergeben an die Dreissiger"

Haus Nummer 40.

„ 26. verhüllt war er unkund sein Aussehen· verborgen in der guten Mutter als er noch im Gewande der Wahrheit war· eingewickelt war seine Figur, umkleidet seine Herrlichkeit· die Majestät,

„ 27. die Herrlichkeit war noch entfernt von ihm· fixirt war sein Inhalt: da fiederte er seinen Leib· um zu bilden sein Ei als ein Phönix, ein gepriesener prächtig gestalteter,

„ 28. welcher entsendet seine beiden Arme· ein Kämpfer war er am Orte der Wahrheit· hervortretend aus der Verhüllung·

Haus Nummer 50.

(Gepriesen bist du Amon ob deiner Vortrefflichkeit·) die Göttergesammtheit

III. 1. rühmt deine Tüchtigkeit· der Sonnendiscus des Himmels ergiesst seine Strahlen über dich· es schwillt der Nil aus seinen Quellen auf deine Veranlassung· die Erde hält dein Bildniss·

„ 2. Schöpfer des Fremdlandes nach den Rathschlüssen des Seb· dein Name ist siegreich, dein Geist gewichtig· nicht ist ein Wisser des Bösen würdig zu verehren

„ 3. deinen Geist· dein Haupt ist von einem göttlichen Cheru(-b?), welcher

7*

ausbreitet seine beiden Flügel· schwebend strebt er (u.) erreicht ihn
in der Dauer eines Augenblickes· Seele, reine, geheimnissvolle, hoch-

III. 4. gefeierte! die umfriedigt hat die Schöpfung unter ihrem Leibe· ein
Stier vor seiner Heerde, ein Löwe vor seinen Leuten· wedelnd mit der
Wucht seines Schweifes

„ 5. um ihn niederzuschlagen· die Welt wiederhallt von seiner Stimme· die
Wesen alle fürchten seine Tüchtigkeit wegen der Grösse seiner Tapfer-
keit· nicht ist ein Anderer

„ 6. über ihn· den Mächtigen, Gütigen, welcher hervorbrachte die Götter-
gesammtheit·

Haus Nummer 60.

Gesättigt ist das Land des Südens wie das des Nordens· Es hat sie erobert

'„ 7. der Einzige durch seine Siege· die Marken seiner Siege errichtet er
auf der Erde· bis zur Breite der ganzen Welt, bis zur Höhe des
Himmels·

„ 8. Es erbitten die Götter ihren Unterhalt von ihm· Er ist's, der ihnen
gewährt dieses Flehen aus seinen Mitteln· ein jeder Ackersmann heischt
Segen von ihm für seine Felder· der Besitzer irgend

„ 9. eines Rechtstitels seine Beistimmung· den Anfang einer Wiese trennt
er von dem Ende· er markt das ganze Land durch seine Messschnur·

„ 10. Er hat gemacht die Aichung des Fremdlandes· das Maass der königlichen Elle, die Untersuchung der Gefässe· die Ausbreitung der Rutken
bis zum Ende der Gründe· die Gründung

„ 11. der beiden Welten beruht auf seinem Gesetze, die Einkünfte aller
Tempel· Jede Stadt enthält seine Stiftungen· um zu erlaben sein Herz
mit dem, was ihm lieb ist· zugesungen wird ihm von den Schlössern

„ 12. all' Opfer werden ihm aufgestellt aus seinen Lieblingsgegenständen·
abgehalten wird ihm ein Tag des Festes· in der Nacht des Liegens
träumend mit Begünstigung

„ 13. der Nacht· sein Name wird gefeiert in den Zirkeln· man sättigt sich und
singt in der Nacht, wann es dunkel ist· es übernehmen die Götter
eine Begrüssung vor seinem Wesen:

„ 14. „Reicher Gott, du besorgst ihre Sättigung!"

Haus Nummer 70.

Verhüllter am Wesen, sich entziehend der Messung, gebend Gebote den Menschen, unwidersprochene·

„ 15. Durchdringend mit den Augen, beseitigend den Nebel· Er ist frei
von der Schwäche der Geschaffenen· seine Worte erfüllen sich, wenn
es die rechte Zeit ist·

„ 16. erschliessend die Kammern nach den Antrieben seines Herzens· er
lenkt sein Augenpaar wie sein Ohrenpaar· auf allen seinen Wegen
nach seinem Belieben· das Kommen der noch nicht

„ 17. noch nicht (sic) Bittenden ist ihm offenbar· der Nahende mit Preis
wird mit ihm vereint in der Dauer eines Augenblickes· Er erhöht den
Bestand der Tempel·

III. 18. welche sich auszeichnen durch ihn· Er verleiht Macht nebst Steuerfreiheit (?) u. Reichthum dem ihm Beliebenden· die Geschichtsannalen lauten auf seinen Namen in dem Abyssus·

„ 19. „Verleiher hervorragender Macht" wird angekündigt sein Name· standhaft im Zurücktreiben des Frevlers, den er wegbläst· verspottend den Angriff desselben auf

„ 20. seinen Ruhm· schändlich ist der Tag des ihn Schmähenden· Es wird der Schimpfende auf ihn entnervt· Der Gott merkt mit seinem Griffel

„ 21. seine Pläne· es leitet ihn sein Wille; sein Kreisen datirt von seiner heiligen Epoche· werth ist Er über Millionen dem, der ihn gethan in sein Herz· der Einfluss

„ 22. seines Namens geht über Hunderttausende· Eröffner der Tugend als wahres Wesen· wohlthätig gegen den, der voll ist von seiner Bestimmung und ihn nicht verwirft·

Haus Nummer 80.

Die Sesennu- (Acht-) Götter

„ 23. (entstanden) aus deinem ersten Zustande· du sondertest jene aus dir vereinzelt· es entfaltete sich dein Körper in ihrer Formung· Verborgen warst du als

„ 24. Amon vor ihren Persönlichkeiten· du prägtest deine Gestalt im Ausstrahlen Jene· um entstehen zu machen ihre Phasen aus deiner ersten Phase· Erhaben ist

„ 25. deine Herrlichkeit als „Stier seiner Mutter"· du bewegst dich am Himmel, aufgestellt als Ra· ziehend an ihm, schufst du ihre Seelen· sie waren Erben

„ 26. des Gebeins als deine Kinder, du hast sie anfangen gemacht aus dem Nichtsein· nicht entsendetest du von dir weg auf die Erde die Götter alle, welche entstanden nach dir· du wolltest

„ 27. sie bleibend an deiner Seite . . . .

„ 28. . . . .

Haus Nummer 90.

IV. 1. Die Gesammtheit der Götter ist vereinigt in deinen Gliedern· die ehrwürdigen Gestalten aller Himmlischen sind beschlossen in deinem Leibe· dein erstes göttl. Auftreten begann die Existenz· Amon gab das Erbe

„ 2. seines Namens an die Götter· der Alte der Alten, welcher älter ist als jene· jene Jüngeren waren empfangen . . . . die Gesellschaft erfüllte

„ 3. seine göttl. Glieder mit ihrer Achtheit· Er erschien als Sonnengott auf dem Abyssus in seinem ersehnten Namen· die Flüssigkeit (Canäle) von ihm [ergoss sich]

„ 4. zumal auf ihre Geister· er erschien in seinem Naos, um sie zu vergeistigen· er brachte hervor die Wesen all durch sein [Erscheinen]· bestimmt ist ihm das Königthum, das ewige·

„ 5. Die Herrlichkeit, die unendliche, zu bleiben als einziger Herr· es

strahlte empor seine Gestalt im Urbeginn· alle Geschöpfe stehen unter
dem Gebote seiner Tüchtigkeit· er liess erglucken

IV. 6. die Stimme als grosser Glucker dass sie erscholl über das Ge-
schaffene, 'aus ihm allein· er erschloss die Rede aus dem Innern des
Gedankens· er eröffnete die Augen

„ 7. all und machte sie schauend· er begann die Sprache, während die
Erde in Ehrfurcht war· sein Ruf wandelte umher, nicht gibt es seinen
Zweiten· er erzeugte

„ 8. die Wesen, er gab ihr Leben· er machte wissen die Individuen all die
Mittel zur Ernährung· es leben ihre Herzen, anschauend ihn· Er
verschönte die Gestalten der Götter-Gesammtheit

Haus Nummer 100.

„ 9. Der Anfang der Existenzen im Urbeginn ist Amon, welcher geworden in der Vorzeit· unkund ist sein Auftauchen, nicht ist geworden
ein Gott vor ihm, nicht war ein andrer

„ 10. Gott vor ihm, der sein Wesen zeugete· nicht gab es eine Mutter von
ihm, die ihn empfangen, nicht gab es einen Vater vor ihm, der ihn
gesäet auf dem Wege des Beischlafes (?)· Er formte

„ 11. sein Ei selber· Die Majestät, geheimnissvoll und zeugend, erschuf
seine Herrlichkeit· Die Götter (und) Göttinnen all entstanden nach
ihm· das Werden der Götter all datirt von seinem Anfange·

Haus Nummer 200.

„ 12. Geheimnissvoller an Gestalt, Glänzender an Formen· wunderbarer
Gott; vielfältiger an Gestalt· Jeder Gott erfleht seine

„ 13. Hülfe· um sich zu verherrlichen durch seine Herrlichkeit wie durch seine
Göttlichkeit· Der Sonnengott selber ist vereinigt mit seinem Leibe·
Er ist der Alte der Bewohner von Anu· Man sagt

„ 14. Totunen (Demiurg) zu ihm· König im Abyssus, dessen Ruf über ihn
ergeht· welcher ändert sein Bild (wunderbar); er liess entströmen den
Samen, welcher

„ 15. . . . . . erzeugte den Sonnengott· er schuf sich als Tum (Schöpfer);
er ist der Einzige seiner Art· er ist der Allherr, der Anfang aller
Wesen· (Der welcher schuf) das

„ 16. was am Himmel ist· Er ist der, welcher in der Tiefe weilt, zurück-
kehrt aus der Unterwelt; seine Seele ist am Himmel, sein Leib in
Anu· sein Ebenbild ist in Süd-Anu (Hermonthis)

„ 17. im Emporhalten seiner Krone· Der Einzige, Gepriesene, Er versetzt in
Wohlbefinden· Verehrt wird er mehr als die Götter; nicht ist bekannt
das Bild seines Geistes· er bewegt sich

„ 18. nach oben, er senkt sich nach unten· Nicht weiss irgend ein Gott sein
wahres Aussehen· nicht ist sein Bildniss gemalt auf Wänden· nicht ist
ein Zeugniss von ihm

„ 19. in den göttlichen Häusern· Er verleiht Kraft mehr als die Noth, welche
doch ergreift (Alles); Er ist grösser als dass man ihn denken könnte,
mächtiger als man zu wissen vermag·

IV. 20. Sofortige Vernichtung mit dem Tode trifft den· welcher ausspricht seinen göttlichen Namen, den geheimnissvollen, unrecht· kein Gott fällt von ihm ab· es wird erachtet

„ 21. verborgen sein Name wie sein Geheimnissvolles (Wesen).

Haus Nummer 300.

Drei waren der Anfang der Götter all· Amon, Ra und Ptah, ihr Werkzeug (Diener)· verborgen war sein Name als

„ 22. als Amon· er ist die Ewigkeit und die Unendlichkeit ist Ptah, ihre Städte errichtete Ra· Theben und Anu sind (noch) auf ihren Urplätzen· Das Uzatauge am Himmel

„ 23. ist das Uzat (Schutz) von Anu· sein Kamerad ist Ptah der Mauer, die göttliche Person des Schöngesichtigen· was sich befindet geschrieben auf Rollen· so ist die Stadt des Amon enthaltend dessen Inhalt·

„ 24. ihr entspricht Theben· es entspringen die Dinge aus ihr für die Göttergesammtheit· die Früchte ihres Feldes erquicken Amon· aufrichtend die Götter durch Schlürfen von Nectar

„ 25. Gesendet wird aus ihr um zu tödten Schuldige· Leben (und) Tod steht bei den Richtern, welche disputiren über die Rettung der . . . . [Memphis macht voll]

„ 26. die Summe *3.*

Haus Nummer 400.

Vier (Hölzer?) des Luxus sind in der Faust der . . .· Freude herrscht bei [den sie bearbeitenden]· [Das rothe

27. kommt aus.] Aper·t· Das schwarze aus den Sümpfen (Ascheru) von [Punt]· . . . .

„ 28. . . . . zum Harpuniren der Krokodile (?) durch den Arm der

„ 29. . . . .

V. 1. nach Aegypten für die Götter· sie vollenden die Entwürfe des Stieres, sie begannen

„ 2. im Lande einen Bau mit Säulen· der Stier, welcher erfasst die Stunde

„ 3. seine· sich erhebend als Sonnengott in dem Abyssus, erzeugend sie uranfänglich· Vater der Väter,

„ 4. Begründer der Genüsse· der Stier der Tüchtigkeit, welcher versorgt die *4* (Weltgegenden)·

Haus Nummer 500.

„ 5. Er wirft die Spötter sein auf ihr Angesicht· nicht ist Einer, der ihn erreicht·

„ 6. Die Welt weicht zurück vor der Grösse seiner Gerechtigkeit· nicht findet man einen Auskundschafter

„ 7. seines Gehaltes· er ertappt das Hesau (Wild?) er verschlingt die Harze· (Gerüche)

„ 8. Stark (Gross) ist sein Schmecken des Gussopfers; es erreicht ihn in der Dauer eines Augenblickes·

„ 9. er sucht Stellen um festzustellen seinen Tritt· auf dem Nacken seines Feindes

V. 10. beim Durchstossen seiner Brust· er fliegt auf als Adler (achem), er reisst fort als Sperber·

„ 11. er versteht schwebend zu halten seine Glieder (und) seine Regungen; es nimmt auf den Kampf seine Person·

„ 12. er bekriegt das Böse, indem er entwegt seinen Gehalt zur Zeit seiner

„ 13. Bedrängniss· die Welt ist im Zurückweichen vor seinem Anrichten des Entsetzens· die Wesen

„ 14. alle fürchten seine Schrecken· Er umstrickt die ihn Verfolgenden

„ 15. all· sie bekommen zu kosten seine beiden Hörner, die Stärke seiner beiden

„ 16. Zacken·

(Haus Nummer 600.)

Es jauchzen auf die Herzen (Dotter?) der Eier (aus) den beiden

„ 17. Lippen seiner Persönlichkeit· die Wesen alle aus dem Inhalte seines Mundes· er hält das Seiende

„ 18. unter seinen beiden Füssen· es entspringt der Nil aus dem Quellloche, führend die Reinheit,

„ 19. überfluthend die Gefilde jährlich· Er ist der Grosse des Landes, der Gepriesene der Bewohner·

„ 20. des Himmels· Er wird betrachtet am Tage, ersehnt in der Nacht· Er ist der Bildner

„ 21. des Wassers (?) nach jeder Richtung· seine Kinder sind der Ocean und seine Bewohner der Nil (Hapi)

„ 22. ist im Tränken die Geschöpfe alle mit den Gaben des Wassers seiner Kehle· Es ist jedes seiner

„ 23. Rinnsale die Ursache von Nahrung· seine Wirksamkeit ist segensreich, alle seine Richtungen nützlich·

„ 24. er macht fruchtbar die Heerden, er erzeugt das Holz· die Untertauchenden

„ 25. reinigt er durch sein Bad· er ist der grosse Gott, welcher hervorbringt die Nachkommenschaft

„ 26. . . . . ·. . . . .

Verso.

VI. 1. vor seiner Gegenwart an jedem Tage· indem er thut die Gewänder auf ihn als Kennenden die Götter· Er ist [der ausgedehnteste von Allen]

[Haus Nummer 700].

Versehen mit einem Hörnerpaar, einem tödtenden, ist [Amon].

„ 2. Der grosse Götterkreis vereinigt sich in seiner Cella· was von den grossen Göttern herkommt, ist auf dem Boden, welcher Theben enthält· was herkommt von den prächtigen Göttern, ist auf dem

„ 3. Setma· Tum (der Schöpfer) ist im Sprechen mit seinem Munde aus denkendem Herzen· der [Kreis] der Götter beräth sich im Ganzen, um zu ehren ihn Millionenmal· sie sind freudig,

„ 4. sie haben Lust, Dich zu preisen· „Mache kund Deine göttliche Persön-

lichkeit, entferne Deine Geheimnisse von Deinem Haupte· [Du bist]
im Aufrichten jener Neune aus dem Munde des Sonnengottes· umge-
ben hast Du sie mit

VI. 5. Gebeugten· fröhlich ist ihre Brust, ihre Freude stammt aus ihren Verdiensten, den aufgezeichneten· Herr des Flachlandes, die (Berge?) sind
gegeben in seine zwei Fäuste· Er ist gewesen vor jedem Gotte··

„ 6. Die Erde ist im Rühmen seinen Namen· alle Wesen verehren ihn· Ge-
bieter über die ihn Verspottenden, thuend sie in das Feuer, schwächend
sie mit (Hitze)· Himmel, Erde, Unterwelt enthält

„ 7. seinen Stoff· es entspringt der Ocean seiner Schöpfung· der Nil ergoss
sich auf sein strenges Wort· das Gebiet des Seb verschönte das folgende Licht·

„ 8. nicht blieb es leer von Gaben, von (göttlichen) Opfern, welche die
Götter geschaffen· die ganze Erde ward vergöttlicht auf ihrem Throne·
wie sie, ist das Auge des Sonnengottes des unwiderstehlichen·

„ 9. Aber [die Erde war noch unbebaut] nach Art einer Wüste· es war
nicht zu sehen die Spur von denkenden Geschöpfen· nicht gab es eine
Menge von Wohnungen (?) auf ihr· der Sitz der Leerheit

„ 10. von [Ansiedelungen] war weit auf ihr; aber beschränkt der Verkehr·
nicht fuhren Schiffe zu entfernten Städten, tragend Erzeugnisse aus
ihrer Heimat·

„ 11. Aber es machte dies der Gott, welchem huldigt die Göttergesammtheit;
der emporgehoben hat Chefthernebs (Theben) beim Aufleuchten über
ihr Gebiet· um zu schaffen ihren Vorrang als

„ 12. einer geheimnissvollen Stätte der Glorie, einer Verhüllerin ihres Herrn·
Sie vergilt dieses mit Verehrung seines Geistes, mit Preisung seiner
Doppelfeder· sein Sitz ist Theben für seine Gestalt (?) [Anu] für
seinen

„ 13. S a h u (Schemen), welcher in der Glorienwohnung sich befindet· ein
Himmel ist T h e b e n und ʌnu, die geheimnissvollen (Städte) . . .